Dieter J. Zittlau

Schlagfertig kontern

Ein Übungsbuch

humboldt

Bibliografische Information der Deutschen Nationalbibliothek
Die Deutsche Nationalbibliothek verzeichnet diese Publikation in der Deutschen Nationalbibliografie; detaillierte bibliografische Daten sind im Internet über http://dnb.ddb.de abrufbar.

ISBN 978-3-86910-460-7

Dieses Buch gibt es auch als E-Book: ISBN 978-3-86910-923-7

Der Autor: Dr. Dieter J. Zittlau ist seit über 25 Jahren erfolgreicher Rhetorik- und Management-Trainer sowie Hochschuldozent für Psychologie mit dem Schwerpunkt Kommunikation. Durch seine langjährige Erfahrung weiß er: Schlagfertigkeit lässt sich mit den richtigen Übungen erlernen.

Originalausgabe

Ein Imprint der Schlüterschen Verlagsgesellschaft mbH & Co. KG,
Hans-Böckler-Allee 7, 30173 Hannover
www.schluetersche.de
www.humboldt.de

Lektorat:	Angelika Lenz, Steinheim a. d. Murr
Covergestaltung:	DSP Zeitgeist GmbH, Ettlingen
Innengestaltung:	akuSatz Andrea Kunkel, Stuttgart
Titelfoto:	Inspirestock/Matton Images
Satz:	PER Medien+Marketing GmbH, Braunschweig
Druck:	freiburger graphische betriebe, Freiburg i. Br.

Hergestellt in Deutschland.
Gedruckt auf Papier aus nachhaltiger Forstwirtschaft.

Dieter J. Zittlau
Schlagfertig kontern

Inhalt

Vorwort

„Viele Menschen sind gut erzogen, um nicht mit vollem Mund zu sprechen, aber sie haben keine Bedenken, es mit leerem Kopf zu tun." Orson Welles

Leider ist es aber jener leere Kopf, der nicht ganz ohne Berechtigung viele davon abhält, auch nur den Versuch zu machen, schlagfertig zu sein. Gerade in Situationen, in denen man sich kaum etwas sehnlicher wünscht als eine „passende" Entgegnung, scheint sich unser Kopf in einen einfallslosen Hohlraum zu verwandeln. Ist die Situation hingegen entspannt, sind wir unter Freunden und haben vielleicht sogar ein Glas Bier oder Wein getrunken, funktioniert unsere Kommunikation ohne jegliches Zögern. Offenbar gibt es da etwas, das wir schon besitzen, das wir aber unter bestimmten Bedingungen nicht einsetzen können. Dieses Buch soll uns helfen, unsere Talente zu befreien.
Der „leere Kopf" füllt sich allerdings nicht mit irgendwelchen Aktivitäten der Zunge und des Mundes, er füllt sich vielmehr mit Gedanken. So heißt es im jüdischen Talmud: „Achte auf deine Gedanken, denn sie werden Worte." Damit haben wir zugleich den Angelpunkt, an dem dieses Buch im Gegensatz zu vielen anderen mit ähnlicher Thematik ansetzt. Da das Denken dem Sprechen vorausgeht – oder zumindest vorausgehen sollte –, wird hier nicht nur das Sprechen oder Reden, sondern zugleich auch das zügige und logische Denken trainiert.

Darum werden Sie hier nicht nur Anleitungen und Übungen zur Verbesserung der Schlagfertigkeit oder der Kommunikation in schwierigen Situationen finden, sondern Sie werden zugleich auch angehalten, Ihr Denken zu trainieren. Zu diesem Zweck werden Sie eingeladen, sich sowohl in der praktischen Auseinandersetzung in bestimmten Situationen des privaten und beruflichen Alltags zu üben als auch zum Beispiel durch Schulung des logischen Denkens und durch einige Einblicke in die psychologischen Bedingungen und Hintergründe einer erfolgreichen Kommunikation eine gewisse geistige „Standfestigkeit" zu erwerben. Letztere bildet dann das Fundament, von dem aus Sie mit der Souveränität sprechen oder reden sollen, die Sie sich wünschen. Ich möchte also nicht nur Fertigkeiten vermitteln, sondern auch Einsicht, wohl wissend, dass Einsicht nicht alles ist, zumindest aber schon der erste Weg zur Besserung im Sinne eines sichereren Auftretens und besserer Kommunikationsfähigkeit.

Sie werden bei der Lektüre feststellen, dass viele Abschnitte mehr der gesprochenen als der geschriebenen Sprache folgen. Das ist gewollt, denn dieses Buch präsentiert über weite Teile das Ergebnis meiner fast dreißigjährigen praktischen Tätigkeit als Trainer und Hochschullehrer im Bereich der Kommunikation. Wenn Sie es gelesen und durchgearbeitet haben, sollen Sie nicht nur wissen, warum bestimmte Kommunikationstechniken und -stile funktionieren oder fehlschlagen, sondern Sie sollen die erwünschten Techniken auch anwenden und die unerwünschten Verhaltensweisen vermeiden können. Und das wiederum heißt, dass Sie einige Passagen dieses Buches sofort in gesprochene Sprache umsetzen sollen; zu diesem Zweck muss ja nicht jeder merken, dass Sie sich die passende Äußerung erst angelesen haben!

„Persönlichkeitstraining", „Selbstsicherheitstraining" oder „Kommunikationstraining" sind die Bezeichnungen für eine ganze Generation von Seminaren und Veranstaltungen in der Erwachsenenbildung, deren verbindende Komponente in dem Wort „Training" bereits einen Hinweis auf die Methodik derartiger Kurse gibt. Es handelt sich hier nicht um Lehrveranstaltungen des klassischen Typs, in denen eine Anzahl von Studenten mehr oder weniger interessiert den Worten eines Dozenten lauscht, sondern um eine Lehrform, die ganz wesentlich von der Aktivität der Teilnehmer lebt und bei der ein Dozent die Rolle des Trainers oder Moderators übernimmt.

Alle oben genannten Kurse haben das Ziel, die Verhaltenskompetenz der Teilnehmer zu verbessern und zu verbreitern, das heißt also, die Menge der einem Menschen in unterschiedlichen Situationen offenstehenden Verhaltensmöglichkeiten zu erweitern. Damit soll sich insbesondere die Wahrscheinlichkeit für ein effektives Vorgehen bzw. für einen erwünschten Ausgang des Geschehens vergrößern. Dieser erwünschte Ausgang unterwirft sich allerdings in diesem Buch nicht der von etlichen Trainern gebetsmühlenartig vorgetragenen „Gewinner-Gewinner-Methode", die von der meines Erachtens wirklichkeitsfernen Annahme ausgeht, dass wir beinahe jeden Konflikt so lösen können, dass beide Streitparteien nachher glücklich sind. Seit Jahrtausenden kennt dieser Planet in seiner Entwicklung stets Gewinner und Verlierer und selbst beim klassischen Kampf „Gut gegen Böse" beziehen auch die Guten ihre Motivation daraus, das Böse besiegen zu können. Wer meint, er müsse dem anderen in einer Auseinandersetzung auch die andere Wange hinhalten, der sollte vorher dafür sorgen, dass der andere nicht mehr zuschlagen kann.

Können Sie all das auch mit einem Buch erreichen? Natürlich kann ein Buch kein praktisches Training ersetzen, aber es kann Ihnen erklären und zeigen, wie man ein solches Training durchführt. Ein Sportbuch ersetzt ja auch nicht den Sport, aber es erklärt, wie man ihn betreibt und welche Fehler zu vermeiden sind. So ist es auch hier: Vieles werden Sie anhand der Übungen in diesem Buch schon alleine trainieren können, bei der ein oder anderen Übung brauchen Sie allerdings einen oder mehrere Partner. Ich denke, ein Reiz dieses Buches liegt darin, dass Ihre Gesprächspartner nicht immer darin eingeweiht sein müssen, dass Sie gerade mit ihnen üben! Sie können damit dem künstlichen Rahmen entfliehen, den Ihnen etwa ein Rollenspiel in einem Seminar setzt.

Da dieses Buch einem didaktischen Faden folgt, ist es für den Ungeübten sicherlich günstig, es der Reihe nach durchzuarbeiten. Unbedingt notwendig ist dies jedoch nicht, denn die einzelnen Abschnitte bewahren, auch wenn sie aufeinander abgestimmt sind, eine gewisse Eigenständigkeit.

Und wer in einem späteren Abschnitt merkt, dass ihm eine zuvor behandelte Technik oder Fertigkeit fehlt, dem ist in einem Buch etwas möglich, was er in einem Seminar nicht kann: Er blättert zurück und holt das Versäumte nach!

Das Buch beginnt mit einer Einführung in die Schlagfertigkeit und zeigt Ihnen zugleich, wie Sie Ihren angeborenen Rahmen zwar nicht sprengen, aber doch entwickeln können. Es erklärt danach die Hemmungen, die uns hindern, schlagfertig zu sein, und wie man diese überwinden kann. In den darauf folgenden Grundlagen des Argumentierens wird vor allem die Bedeutung von Logik und Psychologie für eine effektive Kommunikation aufgezeigt und wie Sie diese Disziplinen für sich nutzen und trainieren können. Ein großes Kapitel befasst sich mit kritischen Situationen, in denen man sich zu helfen wissen muss. Hier berühren wir eine breite Palette sowohl aus dem geschäftlichen als auch aus dem privaten Bereich, von der „guten Frage" und der Behandlung von Einwänden bis hin zum überzeugenden Statement. Ziel ist hier ein möglichst geschicktes und Erfolg versprechendes Verhalten in schwierigen Kommunikationssituationen schlechthin. Dazu zählt auch der unterschiedliche Kommunikationsstil von Frauen und Männern.

Ein eigenes Kapitel widmet sich dem Thema der Provokation und deren schlagfertiger Erwiderung. Abgeschlossen wird das Buch durch Hinweise zum Einüben und Festigen der zuvor geschilderten Techniken.

Was ist Schlagfertigkeit?

Dieses Kapitel beleuchtet den Begriff der Schlagfertigkeit. Es geht hier nicht nur um seine Verwandtschaft mit Kreativität, sondern auch um die Frage, wieweit Schlagfertigkeit angeboren ist und ob sie auch in reiferem Alter noch zu erlernen ist.

Kennen Sie diese Situation: Sie befinden sich in einer angespannten Gesprächssituation, vielleicht gar in einer hitzigen Diskussion, in der Ihr Gesprächspartner gerade eine Äußerung gemacht hat, mit der Sie jetzt ganz und gar nicht einverstanden sind. Nur leider fällt Ihnen ausgerechnet in diesem Moment so gar keine passende Bemerkung oder Entgegnung ein. Ist man dann auseinandergegangen und Sie gehen das Gespräch danach noch einmal im Geiste durch, wüssten Sie durchaus, was Sie hätten sagen sollen. Aber nun ist es zu spät.

Die Fähigkeit, die man in dieser Situation benötigt hätte, nennt man Schlagfertigkeit. Sie ist nichts anderes als die Kunst, im richtigen Moment das Richtige zu sagen. Ich möchte diese Definition durch eine treffende Bemerkung des Aphoristikers Hans Arndt ergänzen: „Schlagfertigkeit ist die schnellste Bestätigung des Selbstgefühls.“

Damit ist die Schlagfertigkeit eng verwandt mit einer anderen geistigen Fähigkeit, die wir Kreativität nennen. Kreativität ist nichts anderes als die Kunst, neue Einfälle und Ideen zu entwickeln. Sie ist streng zu unterscheiden von dem, was man Intelligenz nennt. Während Intelligenz früher von Verhaltensforschern allgemein als die Fähigkeit bezeichnet wurde, sich wechselnden Umständen anzupassen, ist sie heute im Zuge zahlloser Intelligenztests zur Fähigkeit verkümmert, diese Tests zu bestehen. Und dafür kann Kreativität ausgesprochen schädlich sein. Dies wurde mir sehr deutlich bewusst, als ich an der Universität einmal ein Seminar über Intelligenztests besuchte. Einer dieser Tests bestand darin, in der folgenden Figur das richtige Symbol zu ergänzen:

×	○	□
○	□	×
□	×	

Offensichtlich besteht die richtige „intelligente" Antwort darin, in das letzte leere Kästchen ein ○ zu setzen, weil wir dann eine Gleichverteilung der drei Symbole, also jeweils drei ×, drei ○ und drei □ haben.
Ich konnte es mir an dieser Stelle nicht verkneifen, unseren Dozenten darauf aufmerksam zu machen, dass es völlig gleichgültig sei, was in das letzte Kästchen kommt, weil sich immer eine sinnvolle Lösung ergibt. So kann man diese Übung nämlich auch ganz anders, zum Beispiel folgendermaßen ausfüllen:

×	○	□
○	□	×
□	×	□

In diesem Falle haben wir zwei ○, drei × und vier ○. Und warum sollte die Kombination 2/3/4 weniger intelligent sein als die Kombination 3/3/3?
Unser Dozent stand geschlagene fünf Minuten vor der Tafel und murmelte immer wieder: „Das verstehe ich nicht.“ Meine Mitstudenten hatten ihre helle Freude, denn sie verstanden die neue kreative Lösung durchaus. Seitdem weiß ich allerdings, und diese Meinung wird auch von etlichen anderen Wissenschaftlern geteilt, dass Kreativität für das Bestehen von Intelligenztests ausgesprochen schädlich ist. Dabei ist sie für den Erhalt unserer Gesellschaft, nicht zuletzt für den wissenschaftlichen, wirtschaftlichen und auch sozialen Fortschritt geradezu unverzichtbar. Rückblickend auf meine Erfahrung stelle ich hiermit fest, dass Intelligenztests in zu vielen Fällen das Paper nicht wert sind, auf dem sie stehen. Ich habe mir darum die Freiheit genommen, in einem Teil meiner späteren Seminare meine Teilnehmer teilweise recht erfolgreich auf solche Tests vorzubereiten.

Schlagfertigkeit und Kreativität

Man erkennt an diesem Beispiel aber auch etwas anderes: Der hier gezeigte spontane Einfall war zugleich auch nichts anderes als ein schlagfertiger Konter auf meiner Ansicht nach dubiose Intelligenztests. Schlagfertigkeit ist also nichts anderes als eine besonders schnelle und oft spontane Unterform der Kreativität.

Das 4-Phasen-Schema der Kreativität Dies wird besonders deutlich, wenn wir uns das populäre 4-Phasen-Schema der Kreativität des französischen Mathematikers Henri Poincaré (1854–1912) anschauen. Darin gliedert sich der kreative Prozess in die *Präparationsphase*, in der das Problem in das Bewusstsein dringt und das vorhandene Wissen aktiviert. Darauf folgt die *Inkubationsphase* mit unbewussten Verarbeitungsprozessen, manchmal auch als „schöpferische Pause" bezeichnet. In der anschließenden *Illuminationsphase* kommt als Aha-Erlebnis der erleuchtende Einfall, der in der abschließenden *Evaluationsphase* bewertet wird. Leider bleibt bei der Schlagfertigkeit für die ersten beiden Phasen nicht viel Zeit, es scheint eher, als müssten wir sehr schnell zu dem erleuchtenden Einfall kommen und diesen auch ohne Verzug aussprechen. Die letzte Phase der Bewertung opfern wir hingegen vollständig dem Glück unserer Eingebung.
Damit drängt sich die Frage auf, ob schlagfertige Menschen nicht einfach nur ein großes Repertoire an angemessenen Äußerungen quasi „auf Lager" haben, das sie abrufen. Zweifellos ist auch dies der Fall, aber selbst mit einem solchen Repertoire kann man nicht jede neue Situation meistern. Ich habe allerdings beobachtet, dass schlagfertige Menschen dieses Repertoire ständig kreativ erweitern, wenn sie

wieder einmal in einer besonderen Situation etwas Besonderes gesagt haben. So hat sich ein Freund von mir, den ich für sehr schlagfertig halte, zur Gewohnheit gemacht, mich nach jedem besonderen „Treffer", den er in einem Gespräch angebracht hat, anzurufen und ihn mir mitzuteilen. Damit erreicht er, dass sich diese schlagfertige Äußerung nicht einfach irgendwo in den Windungen seines Gehirns verliert, sondern dass er sich nochmals bewusst damit auseinandersetzt. Praktisch ist dies die Evaluationsphase von Poincaré, nur dass sie hier erst Minuten oder Stunden nach der eigentlichen Äußerung stattfindet und nun nur noch die Funktion hat, diese Äußerung in seinem Repertoire zu verfestigen.

Dass die ersten beiden Phasen des kreativen Prozesses bei schlagfertigen Menschen so extrem verkürzt sind, liegt teilweise auch daran, dass sie die Fähigkeit haben, sofort an die Äußerung des Gegenübers anzuknüpfen. Die Psychologen bezeichnen dies als *spontane Assoziation*. So erzählte mir ein früherer Personalentwickler einer großen deutschen Fluggesellschaft, dass eine Stewardess auf die unverschämte Frage eines Passagiers „Seit wann fliegt denn Ihre Fluggesellschaft Kühe?" sofort konterte: „Seitdem wir Bauern befördern."

„Seit wann fliegt Ihre Airline Kühe?" – „Seitdem wir Bauern befördern."

In einem anderen Fall war es zweifellos das bereits vorhandene Repertoire an Äußerungen, welches ihr die Oberhand bescherte. Der Fluggast sagte zu ihr: „Sie sind eine dumme

Gans", worauf sie seelenruhig konterte: „Und Sie sind ein Gentleman. Es kann aber auch sein, dass wir uns beide geirrt haben."

Entscheidend ist offenbar, dass man möglichst unmittelbar an die Argumentation seines Gesprächs- oder Streitpartners anknüpft. Dabei kann man je nach Situation sogar den Satzbau und ganze Satzbestandteile seines Gegenübers übernehmen. Als sich einst ein Professor der Philosophie und ein Professor der Betriebswirtschaft an einer größeren Universität stritten, machte der Philosoph die spöttische und – wie ich meine – wahrhaft philosophische Bemerkung: „Der Sinn von Planung besteht darin, den Zufall in den Irrtum zu verwandeln!" Der Betriebswissenschaftler überlegte nicht lange und konterte: „Und der Sinn von Philosophie besteht darin, das Unbegreifliche in das Unverständliche zu verwandeln!"

Ist Schlagfertigkeit angeboren?

Da Kreativität einen echten biologischen Überlebensfaktor für die menschliche Rasse darstellt, muss man das zumindest vermuten. Das bedeutet jedoch nicht, dass diejenigen, die glauben nicht damit gesegnet zu sein, nun ob ihres falschen Erbguts resignieren müssen. Kreativität ist wahrscheinlich eine Grundfähigkeit, die bis zu einem gewissen Ausmaß allen gesunden Menschen angeboren ist, sie wird nur bei einigen bereits in früher Kindheit, zum Beispiel durch kreativitätsfördernde Spiele, stärker angeregt als bei anderen. Bei vielen wird dieses Talent allerdings gerade in der Kindheit geradezu unterdrückt.

Denn wer schon als kleines Kind in einer „kommunikationsfördernden“ Umgebung aufgewachsen ist, die ihn nicht ständig mit dem Hinweis ausgebremst hat, er solle schweigen, wenn die Erwachsenen sprechen, hat natürlich mehr Glück und Sprachtalent als derjenige, dem man in jungen Jahren stets den Mund verboten hat. Dies ist in einer mehr oder weniger ausgeprägten Form bei recht vielen Menschen der Fall, denn wissenschaftlichen Untersuchungen zufolge werden Kinder in der Schule für Originalität eher getadelt als gelobt! Was Wunder, dass später so viele ein Defizit in ihrer Schlagfertigkeit verspüren. Aber solche Versäumnisse in der Erziehung lassen sich ja nachholen.

In der Schule wird Originalität eher getadelt als gelobt.

Um seinen angeborenen Potenzialen zur vollen Entfaltung zu verhelfen, sollte man sich zunächst einmal kritisch fragen, was diese Entfaltung bislang behindert hat oder inwieweit diese zumindest nicht gefördert wurde. Wie frei durften Sie als Kind Ihre Meinung im Elternhaus oder in der Schule kundtun? Haben Sie schon in der Schule freie Referate gehalten und wie war die Reaktion des Lehrers oder der Mitschüler? Gab es in der Schule oder im Elternhaus viele Diskussionen? War Ihre berufliche Ausbildung rein fachlicher Art oder wurden Ihnen auch kommunikative Fähigkeiten vermittelt? Müssen oder mussten Sie im privaten

Bereich oder in Ihrer beruflichen Tätigkeit viel sprechen? Wenn ja, haben Sie dies jemals systematisch trainiert?
Wenn Sie diese Fragen überwiegend einschränkend oder gar negativ beantworten müssen, haben Sie bereits einen deutlichen Hinweis darauf, warum sich Ihre angeborenen Gaben bislang so wenig gezeigt haben. Da sie nicht gefordert wurden, wurden sie auch nicht gefördert. Im schlimmsten Falle wurden sie sogar unterdrückt und es bauten sich Hemmungen auf. Alle diese Überlegungen zeigen jedoch, dass es aus dieser Situation einen Ausweg gibt: Training. Es mag so sein, wie die Genforscher es gerne beschreiben, dass der Mensch zumindest in etlichen Bereichen ein Produkt seiner Gene ist und damit angeborene Grenzen existieren. Diese Grenzen werden jedoch nach meiner Einschätzung von den meisten Menschen noch nicht einmal im Ansatz ausgeschöpft. Auch der Hinweis darauf, dass man bestimmte Dinge wie zum Beispiel motorische Fähigkeiten (also etwa Radfahren oder Schwimmen) in der Kindheit besser lernt als im Erwachsenenalter, muss vor den Erkenntnissen der Lernforschung kapitulieren, die zeigen, dass emotionale und kognitive Fähigkeiten auch in späterem Alter noch deutlich zu entwickeln sind. Mit anderen Worten: Verbessern kann sich jeder!

Übungen zur Verbesserung der Schlagfertigkeit

In vier Stufen erarbeiten Sie in diesem Kapitel die Fähigkeit, schlagfertig mit Wörtern umzugehen, bis hin zur Kunst des dialektischen Konterns. Sie bereiten sich psychologisch auf Situationen vor, in denen Schlagfertigkeit für Sie wichtig ist.

Auf der ersten Stufe sollen Sie trainieren, geschickt mit vorgegebenen Wörtern umzugehen. Hier gilt es also zunächst, die gefürchtete „Sprachlosigkeit" abzubauen. So wie ein Akrobat mit Bällen spielt, sollen Sie jetzt mit Worten spielen. Und so wie ein Akrobat nicht über jeden Griff nachdenken darf, müssen Sie ohne groß nachzudenken mit vorgegebenen Worten jonglieren. Auf der zweiten Stufe verlassen wir die Ebene des Vorhersehbaren und verwenden das, was (mithilfe eines Partners) gerade gesagt wird. Auf der dritten Stufe geben wir dieser Geschicklichkeit eine Ausrichtung, das heißt, Sie sollen dem, was Sie sagen, eine (in diesem Fall positive) Wendung geben. Die Fähigkeit, stets im Sinne des eigenen Zieles zu kontern, kultivieren wir dann auf der vierten Stufe, in der Sie jedem Satz jene Wendung geben, die in Ihrem Sinne ist. Letzteres gehört traditionell in den Bereich der Dialektik.

Erste Stufe

Auf der ersten Stufe wollen wir die Schlagfertigkeit trainieren, indem wir spontan Begriffe in irgendeine sinnvolle Beziehung zueinander setzen. Diese Beziehung sollte möglichst witzig, verblüffend oder originell sein, aber auch nachvollziehbar und verständlich. Es ist allerdings nicht nötig, dass sie sich im Rahmen der herkömmlichen Logik bewegt oder der Realität entspricht.

Zur Übung sollte jeweils ein Begriff aus jeder Spalte der nachfolgenden Auflistung herausgegriffen werden und mit den anderen in Beziehung gesetzt werden. Wer es sich ein wenig einfacher machen will, der kann die Reihenfolge der einzelnen Spalten beliebig vertauschen. Lassen Sie sich bitte nur ganz wenig Zeit, um aus diesen Begriffen einen grammatisch sauberen Satz zu formulieren.

Apfel	Schrank	Wahl
Schreibtisch	Wand	Himmel
Gaststätte	Liebe	Figur
Computer	Diät	Sekunden
Ansager	Bauernhof	Strecke
Autobahn	Haus	Ofen
Wind	Kordel	Buch
Tastatur	Hammer	Wüste
Blume	Tante	Wohnung

Wenn Sie also in kürzester Zeit „Der Ansager war nicht zu verstehen, denn die Tante redete wie ein Buch“ und „In der Gaststätte bleibt die Diät auf der Strecke“ fabuliert haben und dies mit den meisten anderen Begriffen auch können, haben Sie bereits den ersten Schritt gemacht.

Zweite Stufe

Den zweiten Schritt gestalten Sie am besten als Partnerübung.

a) Lassen Sie sich von einem Partner geläufige Begriffe zuwerfen (etwa aus einem Wörterbuch) und versuchen Sie, spontan mit diesen Begriffen Sätze zu bilden. Denn dies ist ja genau die Kunst der Schlagfertigkeit, dass Sie in einem Gespräch die Bemerkungen Ihres Gesprächspartners aufgreifen und sozusagen *mit seiner eigenen Munition zurückschießen*.

b) Trainieren Sie dann, eigene Wörter zu finden, indem Sie sich von Ihrem Partner einen Buchstaben zurufen lassen, der der Anfangsbuchstabe Ihres Wortes sein muss.

c) Sobald Sie sechs Wörter zusammen haben, versuchen Sie innerhalb von vier Minuten aus diesen eine kleine Geschichte zu bilden. Lassen Sie Ihren Partner diese Geschichte im Hinblick auf Originalität und Witz beurteilen.

Wenn Sie die Übungsteile b) und c) häufiger durchführen, werden Sie feststellen, dass Sie sich in Teil b) die Wörter zunehmend besser im Hinblick auf ihre Verwendung in Teil c) aussuchen. Sie suchen bereits vorausschauend nach den „richtigen" Wörtern.

Dritte Stufe

In der dritten Stufe wollen wir üben, ein Wort oder einen Satz mit einer negativen Tendenz aufzugreifen und diesem Wort oder Satz in kürzester Zeit eine andere, positive Wendung zu geben, ohne jedoch an der ursprünglichen Bedeutung allzu viel zu ändern. Schauen Sie sich bitte die folgenden Formulierungen an und versuchen Sie ihnen ohne langes Nachdenken einen besseren, positiven „Anstrich" zu geben. Sie können Ihre Lösung rechts daneben eintragen.

Negative Formulierung	Positive Formulierung
1. Chaos	
2. Nicht geschafft	
3. Verboten für	
4. Sich streiten	
5. Vorschnell	
6. Randalieren	
7. Belehren	
8. Wir müssen befürchten	
9. Vormittags geschlossen	
10. Halb leer	
11. Konkurrenz	
12. Reklame	

13. Alt werden
14. Hose ist zu groß
15. Begriffsstutzig
16. Nicht normal
17. Spion
18. Unfähig
19. Bestechungsgelder
20. Würstchenstand
21. Schreiberling
22. Durchtrieben
23. Ab 10 Euro
24. Nichtssagend
25. Versalzen
26. Strohdumm
27. Einwand
28. Pubertätsstörungen
29. Raser
30. Überempfindlich

Lösungsvorschläge

1. Kreative Unordnung
2. Noch zu erledigen, bereits begonnen, noch nicht abgeschlossen
3. Nur mit Erlaubnis, erlaubt für
4. Mitten im Meinungsbildungsprozess, argumentieren, Meinungen austauschen
5. Entscheidungsfreudig
6. Seinen Impulsen freien Lauf lassen

7. Informieren, Erfahrung teilen
8. Wir können hoffen
9. Nachmittags geöffnet, schon ab 12 Uhr geöffnet
10. Halb voll
11. Mitbewerber
12. Verbraucherinformation
13. Reifer werden, an Lebenserfahrung gewinnen
14. Bequem geschnitten, bietet reichlich Raum, „man wächst noch hinein“
15. Mehr praktisch begabt
16. Außergewöhnlich
17. Beobachter, Informant
18. Glücklos, besser geeignet für
19. Auftragsbeschaffungskosten, besondere Zuwendung
20. Das besondere Restaurant, Stehcafé, Wurstspezialitäten
21. Schriftführer, Schriftsteller, Autor
22. Geschickt, pfiffig
23. Schon ab 10 Euro
24. Nicht zu überladen, leicht verständlich
25. Stark gewürzt
26. Relativ intelligent
27. Diskussionsbeitrag, Frage
28. Probleme des Erwachsenwerdens
29. Jemand, der sich zügig fortbewegt
30. Sensibel

Vierte Stufe

Der vierte Schritt kultiviert dieses „Aufgreifen und Kontern“ noch ein wenig und entspricht damit schon ein wenig mehr dem, was der Philosoph Schopenhauer als *Dialektik* bezeichnete: „Sie ist eine geistige Fechtkunst.“ In seiner „Eristischen Dialektik“ (von griech. *eris* = Streit) bemerkt er: „Um die Dialektik rein aufzustellen muss man, unbekümmert um die objektive Wahrheit (...), sie bloß betrachten als die Kunst Recht zu behalten.“

Dies sollen Sie nun anhand von ein paar Thesen üben, denen Sie bitte ohne langes Überlegen *widersprechen*, gleichgültig ob Sie ihnen in Wirklichkeit zustimmen oder nicht. Versuchen Sie also in ein oder zwei Sätzen eine spontane Widerlegung der folgenden Aussagen. Wichtig: Ihre Widerlegung muss weder sachlich noch logisch richtig sein, es muss zunächst einfach nur der Eindruck entstehen, dass Sie *erfolgreich gekontert* haben.

a) Der deutschen Wirtschaft ging es noch nie so gut wie jetzt.
b) Das Waldsterben war noch nie so schlimm wie dieses Jahr.
c) Männer und Frauen sind gleichberechtigt.
d) Die Erde ist eine Kugel.
e) 2 und 3 ist 5.

Offenbar ist eine Widerlegung dieser Sätze von oben nach unten zunehmend schwieriger und das ist im Sinne einer Einübung auch so gewollt.

a) Den ersten Satz könnte man kontern, indem man inhaltlich gar nicht auf ihn eingeht und einfach auf die steigende oder einfach hohe Zahl von Arbeitslosen verweist.
b) Diesen Satz kontert man mit einer Bemerkung wie: „Also die Linde in meinem Garten sieht von Jahr zu Jahr besser aus!“ oder „Es sind dieses Jahr doch gar nicht so viele Bäume gestorben wie letztes Jahr. Also das Waldsterben ist deutlich zurückgegangen.“ (Siehe hierzu auch „Die fortgeschrittenen Stufen des Konterns“ im Kapitel „Situationen, in denen man sich zu helfen wissen muss“.)
c) Im dritten Satz bietet sich zum Beispiel die *Ja-aber-Taktik* an: „In der Theorie ja, aber in der Praxis nicht.“
d) Hier ist es natürlich von Vorteil, wenn man weiß, dass die Erde in der Tat keine Kugel, sondern zu den Polen hin leicht abgeflacht ist (ein sogenannter Rotationsellipsoid). Doch was kümmern uns die Tatsachen! Wie man an jedem Globus oder Fußball zeigen kann, kann man auf einer Kugel keine rechteckigen Körper stabil befestigen, und da ein großer Teil unserer Architektur rechteckig ist, erlauben unzählige Städte, die stabil auf dieser Unterlage stehen, Zweifel daran, dass die Erde eine Kugel sein kann!
e) Das fünfte Beispiel ist zweifellos das schwierigste und um ihm zu entgehen, bezweifelt man tunlichst gleich die ganze Basis der Aussage: „Die menschliche Wirklichkeit lässt sich nicht in Zahlen fassen. Ich glaube nicht an die Mathematik!“ Wer es sich ganz einfach machen will, nimmt die zu konternden Aussagen einfach wörtlich: 2 *und* 3 ist dann einfach 23!

Wenn Sie jedoch merken, dass Ihnen all das gar nicht so einfach fällt, haben Sie zumindest erkannt, wo Ihr Problem liegt. Es gilt hier nämlich weniger, eine neue Fähigkeit aufzubauen, als vielmehr alte Hemmungen abzubauen: Es ist eher die *Angst*, etwas Unsinniges zu sagen, die einen hier wie betäubt zum Schweigen verdammt.

Bereiten Sie sich psychologisch vor!

Im Umgang mit Angst und Stress ist schon viel gewonnen, wenn man genau weiß, wovor oder vor wem man Angst hat und was oder wer bei einem den meisten Stress auslöst. Haben Sie schon einmal überlegt, unter welchen Umständen Sie die größten Probleme mit Ihrer Schlagfertigkeit haben? Betrachten Sie bitte die folgenden Fragen als eine Art Checkliste für diese Probleme:

1. In welchen Situationen wünschen Sie sich, besonders schlagfertig zu sein?
2. Sind dies völlig unterschiedliche Situationen oder gibt es typische Momente?
3. Wenn es typische Situationen gibt, welche sind das?
4. Bereiten Sie sich auf solche Situationen vor, in denen Sie schlagfertig sein wollen?
5. Wenn ja, wie? Grübeln Sie am Vorabend, wie schlimm die Situation am kommenden Tag sein wird? Führen Sie sich die kommende Situation ruhig vor Augen? Kennen Sie die Rahmenbedingungen (Ort, Zeit, Anordnung der Stühle …)? Spielen Sie die Situation in Gedanken und in

verschiedenen Abläufen durch? Besprechen Sie die Situation und Ihr Verhalten mit einem Partner? Spielen Sie die Situation mithilfe eines Partners durch?

6. Gibt es bestimmte Menschen, gegenüber denen es Ihnen besonders schwer fällt, schlagfertig zu sein?
7. Welche Personen sind das und was unterscheidet sie von anderen?
8. Gibt es Menschen, in deren Gegenwart Sie keine oder weniger Probleme haben, schlagfertig zu sein?
9. Welche Personen sind das und was unterscheidet sie von anderen?

Vielleicht haben Sie aus der Beantwortung dieser Fragen schon einen ersten Hinweis für die Lösung Ihrer Probleme bekommen. Wenn Sie die kritische Situation entweder gar nicht vorbereiten oder aber nur mithilfe pessimistischer Grübeleien, dann tun Sie sich keinen Gefallen. Finden Sie hingegen einen Partner, mit dem Sie die Szene, die Sie erwarten, durchspielen können, dann haben Sie schon sehr viel gewonnen. Natürlich wird dieser Partner bei Ihnen nicht den gleichen Stress auslösen wie die reale Situation, aber Sie werden feststellen, dass Sie dennoch mit einem besseren Gefühl in den „Kampf" gehen. Fliegen lernt man heute ja auch erst einmal im Simulator!

Abbau von Redehemmungen

Erkunden Sie die Natur der häufigsten Redehemmung. Erfahren Sie, wie Sie das richtige Maß zwischen Anspannung und Entspannung finden und Redehemmungen abbauen. Sie können das, denn in jedem ist ein guter Redner verborgen!

Das Phänomen der ungewollten Sprachlosigkeit, oftmals noch akustisch untermalt durch eine Unzahl von „Ahs“, habe ich in meinen Rhetorikkursen schon häufig erlebt. In trauter Runde unter Freunden, unterstützt vielleicht noch durch ein paar Glas Bier, haben die meisten offenbar überhaupt keine Probleme, flüssig und je nach Temperament auch noch witzig zu sprechen. Kaum aber ist einem der Gesprächspartner fremd oder es handelt sich um eine ernstere, beispielsweise berufliche Situation, sind plötzlich Hemmungen da, die man glaubt nicht überwinden zu können. Dabei ist es zunächst einmal wichtig, sich klarzumachen, dass (fast) jeder flüssig sprechen kann. Schlagfertigkeit scheitert seltener daran, dass man eine sprachliche Fähigkeit nicht hat, als daran, dass man etwas zu viel hat: *Hemmungen und Angst*.

Die Angst vor den Mitmenschen

Es ist darum schon hilfreich, sich die Natur dieser Hemmung vor Augen zu führen. So ist die Angst, etwas Unsinniges zu sagen, in der Regel noch recht schwach, wenn keiner zuhört oder vielleicht mein Publikum nur aus ein paar guten Freunden besteht. Dass sie dann zwar dennoch vorhanden ist, hat der ein oder andere Leser vielleicht bei der eben durchgeführten Übung gemerkt, aber sie hält sich in Grenzen. Um wie viel schlimmer aber wäre das Ergebnis wohl ausgefallen, wenn mindestens zehn Fachleute Ihnen zugehört hätten und Sie danach kritisch beurteilt hätten? Wir haben offenbar weniger Angst vor dem Sprechen selbst als vor denen, die uns dabei zuhören. Womit wir es hier zu tun haben ist ganz einfach das *Was-glaube-ich-was-andere-von-mir-denken-Syndrom*.

Ich gehe davon aus, dass zumindest einige Menschen eine – gute oder schlechte – Meinung von sich selbst haben, dass sie sich für stark oder schwach, intelligent oder naiv, fähig oder unfähig usw. halten. Diese möchte ich als Einschätzungen erster Art bezeichnen.

„Mehr als vor jeder anderen Erkenntnis haben wir Angst vor der Selbsterkenntnis, da diese unsere Selbstachtung und das Bild, welches wir von uns selbst machen, verändern könnte. Eine Katze findet sich – soweit wir das beurteilen können – leicht damit ab, dass sie eine Katze ist. Sie hat keine Angst davor, eine Katze zu sein. Aber ein vollentwickeltes menschliches Wesen zu sein, ist schwierig, erschreckend und problematisch." A. Maslow

Ferner dürften die meisten von uns auch eine Meinung zumindest über diejenigen Menschen haben, mit denen sie häufiger Kontakt haben. So haben viele von ihrem Ehepartner zum Zeitpunkt der Eheschließung eine relativ günstige Meinung, zu ihrem Chef allzu häufig eine eher skeptische Einstellung und von Politikern aller Parteien in zunehmendem Maße eine schlechte Meinung. Diese bezeichnen wir hier als Einschätzungen zweiter Art.

Einstellungen erster und zweiter Art sind uns jedoch geläufig und beeinträchtigen das menschliche Miteinander insofern relativ wenig, als sie für gewöhnlich anderen mitgeteilt werden, das heißt, es handelt sich um Einstellungen, aus denen man zumindest in einer freien Gesellschaft und gegenüber seinen Freunden kein Geheimnis macht. Damit ist unsere Umwelt zugleich in der Lage, in gewissen Grenzen darauf zu reagieren. Sollte es infolge dieser Einstellungen zu Kommunikationsstörungen kommen, so sind diese prinzipiell behebbar, indem man sich darüber unterhalten kann. Über die Beliebtheitsskala der bekanntesten Politiker etwa können diese sich nun ärgern, den Befragten die Kompetenz absprechen oder an ihrem eigenen Bild in der Öffentlichkeit arbeiten.

Ganz anders verhält es sich mit einer dritten Art von Einstellungen, die meiner Ansicht nach in zunehmendem Maße die Einstellungen erster Art verdrängen. Es ist das Bild von uns, wie wir es in den Augen anderer wahrzunehmen glauben, symbolisiert durch den großen Kreis in unserer kleinen Grafik.

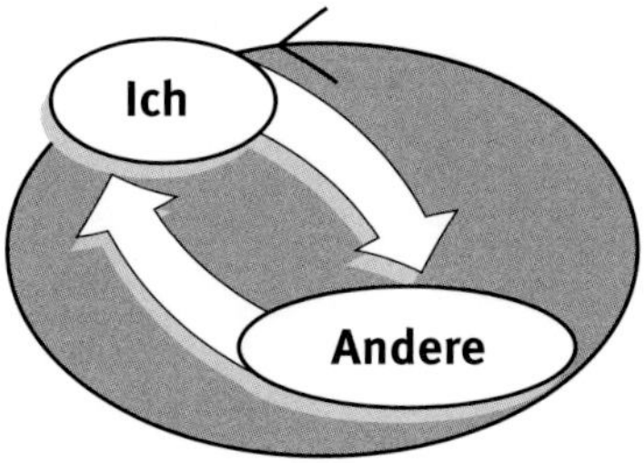

Die Frage „*Was glaube ich, was die anderen von mir denken?*“ beschreibt nach meinen Beobachtungen den Nährboden für eine der häufigsten neurotischen Störungen unserer Zeit. Dieser Typ von Einstellung hat jedoch gegenüber denen der ersten und zweiten Art den Nachteil, dass er nicht oder selten hinterfragt wird. Da wir allzu oft hinreichend gut zu wissen glauben, was andere von uns denken, stellen wir diesen großen Umweg unserer Meinungsbildung über uns selbst gar nicht infrage.

Das Prinzip der sich selbst erfüllenden Prophezeiung

„Was werden die anderen von mir denken, wenn ich jetzt rot werde?“, „Was werden meine Zuhörer denken, wenn ich jetzt etwas Falsches sage?“, all das sind Sätze, mit denen man sich mit etwas Talent geradezu bis zum Zustand einer geistigen Ohnmacht paralysieren kann. In unserer Kindheit hieß das noch ein wenig anders, damals sagte die Mutter vielleicht: „Kind, zieh dir was Sauberes an und wasch dir die Hände, was sollen denn unsere Gäste von uns denken, wenn sie dich so sehen!" Was nur wieder einmal zeigt, dass sich bestimmte Denkmuster von Generation zu Generation fortpflanzen.

Vielleicht wäre das alles gar nicht so schlimm, wenn das *Was-glaube-ich-was-andere-von-mir-denken-Syndrom* nicht begleitet würde von dem *Prinzip der sich selbst erfüllenden Prophezeiung*. Wer vor einem großen Publikum steht und ausgerechnet in dem Moment, in dem er etwas Wichtiges sagen will, den genialen Einfall hat, wie katastrophal es wohl wäre, ausgerechnet jetzt zu stottern oder rot zu werden, wird die unbeschreibliche Erfahrung machen, dass ihm nun wirklich die Stimme versagt oder er mit hochrotem Kopf den ganzen Saal überstrahlt.

Hier hilft man sich zunächst damit, dass man sich selbst als den geistigen oder seelischen Urheber dieses Desasters ausmacht. Danach ist zum Beispiel die Frage erlaubt, wie tragisch denn kleinere Versprecher, ein oder auch mehrere „Ahs" oder meinetwegen auch ein roter Kopf wirklich sind? In Rhetorikkursen mit Videoübungen machen die Teilnehmerinnen und Teilnehmer immer wieder die heilsame Erfahrung, dass ein großer Teil der bei sich selbst vermuteten oder festgestellten Schwächen vom Publikum gar nicht bemerkt wird. Und selbst wenn nicht: Wem würden Sie eher glauben: jemandem, der rhetorisch geschliffen und

Wie tragisch sind kleine Versprecher, ein paar „Ahs" oder ein roter Kopf wirklich?

aalglatt mit Ihnen spricht, oder nicht vielmehr jemandem, dem Sie anmerken, dass er bei dem, was er sagt, noch redlich überlegen muss?

„Am meisten Vorbereitung kosten mich immer meine spontan gehaltenen, improvisierten Reden." Winston Churchill

Das richtige Maß zwischen Anspannung und Entspannung

Was geschieht wirklich, wenn Sie in einer kritischen Situation versagen? Welche Folgen hat es, wenn Sie in einer Prüfung überfordert sind, bei einem Vortrag ins Stocken kommen oder bei einem Kundengespräch nicht die richtigen Argumente haben? Wie realistisch ist das Horrorszenario, das Sie sich vor dem entscheidenden Moment ausgemalt haben? Können Sie nicht die Prüfung wiederholen? Können Sie in einem Vortrag eine Wissenslücke einfach zugeben? Können Sie über einen eigenen Versprecher lachen? Müssen Sie in einem Kundengespräch sofort mit Sachkenntnis glänzen, oder sollten Sie Ihren Kunden nicht besser erst einmal fragen, was er im Detail will?

Überprüfen Sie einmal Ihr Horrorszenario!

Machen Sie sich zudem bewusst, dass wein gewisses Maß an Anspannung für eine gute Leistung unerlässlich ist. Sie darf nur ein gesundes Maß nicht überschreiten.

Keine Angst vor der Angst: Angst als Quelle der Kraft
Machen Sie sich bewusst, dass Angst nicht nur lähmt, sondern dass Ihnen die damit verbundene Anspannung auch Kraft gibt!
Der Kugelstoßer, Diskus- und Hammerwerfer Karl-Heinz Wendel, mit dem ich früher ab und zu Krafttraining betrieb, war über viele Jahre hinweg stets in mindestens zwei seiner Disziplinen Altersweltmeister. Er hatte in der Regel natürlich keine Probleme, so etwas Nachrangiges wie eine Kreismeisterschaft zu gewinnen. Trotz seiner jahrzehntelangen Wettkampferfahrung hatte er aber stets Angst zu verlieren oder zumindest eine schlechte Platzierung zu erzielen. Eines Tages, nach einer Vielzahl von Erfolgen, ging er aber ausnahmsweise ohne diese Anspannung an den Start. Die Konsequenz war, dass der Diskus nicht mehr wie gewohnt flog und er aus dem Wettkampf ausschied. Danach aber regte er sich wieder so auf, dass er in der Folge wieder jeden Wettkampf gewann!
Schlagfertig zu kontern ist nichts anderes als ein Wettkampf mit Worten! Es kann also gar nicht unser Ziel sein, völlig ohne Angst in einen solchen Wettkampf zu gehen, denn ohne die entsprechende Anspannung warten Sie auf das treffende Wort genauso vergeblich wie der Diskuswerfer auf den richtigen Wurf.

Führen Sie sich die erste Minute der stressauslösenden Situation vor Augen, denn zu Beginn eines Vortrags oder Gesprächs hat ein Scheitern zumeist die übelsten Folgen, während ein Anfangserfolg spätere Fehler oft kaschiert.

Mit welchen Menschen werden Sie zu tun haben, wie werden diese aussehen, wo werden sie sitzen? Wie werden Sie den Blickkontakt aufnehmen? Wie werden Sie selbst stehen oder sitzen? Wenn Sie bei diesen Gedanken unruhig werden, dann konzentrieren Sie sich bewusst auf Ihre Atmung. Atmen Sie langsam und tief. Gehen Sie in Ihren Gedanken erst wieder zurück in die Situation, wenn die Anspannung erträglich ist. Sollten Sie den Stress so nicht unter Kontrolle bekommen, machen Sie eine Entspannungsübung. Recht Erfolg versprechend ist die Progressive Muskelentspannung (siehe Kasten).

Progressive Muskelentspannung und Atemtraining

In dieser auf Edmund Jacobsen zurückgehenden Methode werden nacheinander verschiedene Muskelgruppen des Körpers angespannt und danach wieder entspannt. Diese muskuläre Entspannung überträgt sich recht schnell auch auf die Psyche, so wie sich umgekehrt eine psychische Anspannung ja auch sehr schnell auf die Muskulatur überträgt.

So soll zum Beispiel zuerst für etwa zehn Sekunden die linke Faust geballt werden, wobei man sich intensiv auf das dabei auftretende Gefühl der Spannung im Unterarm konzentriert. Nach einer etwas längeren Entspannungsphase wird das Ganze wiederholt. Danach wird die rechte Faust angespannt und entspannt, schließlich beide Fäuste, dann Bizeps und Trizeps usw. Der große Vorteil dieser Übung ist, dass die Entspannung eine zwangsläufige Folge der voraus gegangenen Anspannung ist und damit auch in solchen Fäl-

len erfolgreich ist, in denen suggestive Methoden wie das autogene Training keinen Erfolg haben.
Wem das alles zu umständlich ist, der sollte zumindest einen kleinen Teil dieser Übung in den Alltag übernehmen, nämlich das bewusste Ein- und Ausatmen. Holen Sie tief Luft, halten Sie die Luft für einen kurzen Moment an und atmen Sie dann bewusst und genussvoll aus. Sie werden feststellen, dass dies allein schon einen entspannenden Effekt hat. Während man bei starkem Stress eher flach und schnell atmet, zwingt man sozusagen über die Atmung Ruhe in sein Nervensystem, so als würde über das Atemzentrum signalisiert, dass die Gefahr verschwunden ist.

Ein kleiner Test: Was denken andere wirklich über mich?

Sollten Sie immer noch davon überzeugt sein, dass die Meinung, die andere von Ihnen haben, für Sie sehr wichtig ist, dann versuchen Sie wenigstens herauszufinden, wie diese Meinung wirklich aussieht! Dann brauchen Sie sich nicht mehr in fruchtlose Spekulationen und Grübeleien zu verstricken und wissen wenigstens, wo in den Augen Ihrer Mitmenschen Ihre Schwächen und Stärken liegen. Machen Sie mit ein paar Menschen, von denen Sie glauben, dass sie Sie einigermaßen gut kennen, doch einfach mal folgende kleine Übung:
Kopieren Sie die beiden Tabellen auf der folgenden Doppelseite je zwei Mal (wir entbinden Sie für diese beiden

Seiten vom Vervielfältigungs- und Kopierverbot). Füllen Sie zunächst Tabelle 1 aus, in der Sie sich selbst beurteilen sowie die Ansicht einschätzen, die der andere von Ihnen hat. Es ist Ihre alleinige Entscheidung, ob Sie Ihre Antworten irgendeinem anderen Menschen zeigen. Füllen Sie danach Tabelle 2 aus, in der Sie Ihren Partner einschätzen. Bitten Sie Ihren Partner, für sich das Gleiche zu tun. Tauschen Sie danach die Seite aus, auf der Sie Ihren Partner eingeschätzt haben. Haben Sie sich einen Partner ausgesucht, der nicht zu Gefälligkeitsgutachten neigt, so erfahren Sie nun beide, was der jeweils andere wirklich von Ihnen denkt. Sie können dies nun mit den Ansichten von Bogen 1 vergleichen und sich über die Übereinstimmungen freuen oder über die Abweichungen sprechen.

Bedenken Sie jedoch eines: Gleich ob Sie freudig die Zahl der „Treffer" ermitteln oder stirnrunzelnd eine Abweichung von zwei oder drei Punkten zur Kenntnis nehmen, letztlich können Sie auch mit einem solchen Test lediglich die Übereinstimmung oder Abweichung zweier Vorurteile überprüfen. Das eine, welches Sie von sich haben, und das andere, das Ihr Partner von Ihnen hat. Aber auch das kann ja schon recht aufschlussreich sein und Sie zumindest einen Schritt auf dem Weg zur Selbsterkenntnis weiterbringen, selbst wenn Sie wohl nie das Ziel durchschreiten werden. Denn zu glauben, man könne sich irgendwann verlässlich einschätzen, ist ein wenig vermessen, oder um es mit dem spöttischen Oskar Wilde zu sagen: „Nur die Oberflächlichen kennen sich selbst."

Tabelle 1 (Dieses Blatt verbleibt bei Ihnen.)

So sehe ich mich selbst (✘) So glaube ich von meinem Partner gesehen zu werden (O)	trifft eher nicht zu				trifft eher zu
	−2	−1	0	1	2
kontaktfreudig					
ungeduldig					
ruhig					
zielstrebig					
beherrscht					
optimistisch					
ehrgeizig					
selbstsicher					
aggressiv					
aufgeschlossen, offen					
impulsiv					
tolerant					
sachlich, nüchtern					
warmherzig					
dominant					
kompromissbereit					
einfühlsam					
kritisch, überlegt					
autoritär					
zurückhaltend					

Tabelle 2 (Dieses Blatt im Rahmen der Übung bitte Ihrem Partner aushändigen.)

So sehe ich meinen Partner trifft eher nicht zu					(✘) trifft eher zu
	−2	−1	0	1	2
kontaktfreudig					
ungeduldig					
ruhig					
zielstrebig					
beherrscht					
optimistisch					
ehrgeizig					
selbstsicher					
aggressiv					
aufgeschlossen, offen					
impulsiv					
tolerant					
sachlich, nüchtern					
warmherzig					
dominant					
kompromissbereit					
einfühlsam					
kritisch, überlegt					
autoritär					
zurückhaltend					

Grundlagen des Argumentierens

Das erklärte Ziel der Redekunst oder Rhetorik ist es, den Gesprächspartner oder eine Zuhörerschaft zu überzeugen. Sie steht auf zwei wichtigen Säulen, der Psychologie und der Logik, die wir in diesem Kapitel ebenfalls näher betrachten.

Rhetorik

Die Rhetorik ist eines der ältesten Lehrfächer überhaupt. Als ehemaliger Bestandteil der Philosophie wurde sie schon im antiken Griechenland als „Redekunst" oder als die „Wissenschaft von den Regeln und Gesetzen des zweckmäßigen Sprechens" an eigens dafür geschaffenen Rednerschulen gelehrt. Spätestens durch die Sophisten wurde sie in ein festes System gebracht und konnte sich schließlich bis ins 19. Jahrhundert als Lehr- und Unterrichtsfach an Schulen und Hochschulen behaupten. So wie die Poetik die theoretische Betrachtung der Dichtersprache ist, so ist die Rhetorik die theoretische Betrachtung der Alltagssprache.

Wie jedoch die Endung *-ik* schon zeigt, ist die Rhetorik nicht eine dem Erkenntnisgewinn verpflichtete („reine") Wissenschaft (wie die *-logien*, etwa Bio*logie*, Physio*logie* usw.), sondern eher eine nach pragmatischen Gesichtspunkten gestaltete Anwenderwissenschaft oder Technik (wie die Logik, Informatik usw.). Die rhetorische Darstellung zielt also, wie wir schon Mitte des 19. Jahrhunderts beim Philosophen Carl Prantl nachlesen können, „… nicht auf einen innerlich wissenschaftlichen Nachweis, sondern auf die äußerlich anregende Wahrscheinlichkeit …"

Die Rhetorik verfolgt also ein Ziel und eben dieses Ziel ist es, was sie zeitweilig in Verruf bringt. Die erklärte Absicht der Rhetorik, andere Menschen zu überzeugen, sie etwas ganz Bestimmtes glauben zu machen, erweckt in vielen Menschen den (sicher nicht ganz unbegründeten) Verdacht, es hier mit einer Ansammlung raffinierter Manipulationstechniken zu tun zu haben. Da zudem die übleren Vertreter der „berufsmäßigen Vielredner" rhetorische Tricks mit dem Ziel *recht zu behalten ohne recht zu haben* einsetzen, genießt die Rhetorik häufig den zweifelhaften Ruf eines Instrumentariums für unseriöse Politiker und verschlagene Verkäufer.

Von der antiken Redekunst zur Verkaufsrhetorik

Die heutige *Verkaufsrhetorik* setzt sich allerdings eher das Ziel, ein Instrumentarium für die *Kundenberatung* zu sein, in der zunächst die Bedürfnisse des Ansprechpartners ermittelt werden, um ihm dann ein diesen Bedürfnissen entsprechendes Angebot machen zu können. Das schließt leider nicht aus, dass nach wie vor *Kundenfänger* unterwegs sind, die mit einfachen Tricks kurzfristige Erfolge suchen.

Oft werden also sogenannte rhetorische Kniffe gar nicht mit dem Ziel eingesetzt, den Gesprächspartner (objektiv oder rational) zu *überzeugen*, sondern lediglich mit der Absicht, ihn (subjektiv oder emotional) zu *überreden*, das heißt, ihn für eine Weile zu beeindrucken, gefügig oder gar mundtot zu machen, um so ungestört die eigenen Gesprächsziele verfolgen zu können. Sympathien erwirbt man bei einem derartigen Gebrauch der Rhetorik auf lange Sicht selten, der Zuhörer verharrt bisweilen lediglich in einer vorübergehenden Handlungsunfähigkeit nach dem Motto „Dazu fällt mir zwar jetzt nichts ein, aber ich glaube dir kein Wort."

Ein langfristiger oder nachhaltiger Erfolg ist also nur gewährleistet, wenn der Gesprächspartner den Inhalt meiner Ausführungen auch „glaubt" und das Gemeinte „versteht", wenn er also „überzeugt" ist. In diesem Fall ist er auch in der Lage, diese Überzeugung anderen Menschen weiterzugeben.

Was bedeutet es denn nun, eine Argumentation für möglichst viele überzeugend zu machen, wo doch kein Zuhörer dem anderen gleicht und sich das, was als „rational", „wahr" und „objektiv gültig" betrachtet wird, von Epoche zu Epoche und von Milieu zu Milieu wandelt?

Der Sprachwissenschaftler Chaim Perelman verweist zu Recht darauf, dass jede Argumentation zunächst darauf zielt, den Zuhörer zu *überreden*, dass sie aber zusätzlich *überzeugt*, wenn sie sich an die *Vernunft* wendet: „Wenn jemand rational argumentiert, dann nimmt er sich vor, nur Prämissen und Schlüsse zu verwenden, die für die Gemeinschaft aller vernünftig Denkenden gültig sind, das heißt, eine Argumentation, die auf die Zustimmungsbereitschaft eines Kreises abzielt, den ich als universale Hörerschaft bezeichne."

Es würde an dieser Stelle zu weit führen, die Kriterien zu untersuchen, nach denen sich die Zustimmungsbereitschaft einer solchen universellen Hörerschaft richtet, denn die philosophisch unreflektierte Alltagsrhetorik verfolgt zum einen häufig nur das Ziel, den Gesprächspartner zu überreden, und zum anderen wendet sie sich nach meinen Beobachtungen in den meisten Fällen nicht an eine „universelle" Hörerschaft, sondern ganz pragmatisch an einen ganz bestimmten Teil (häufig einfach nur an die Mehrheit) der Zuhörer.

Zu diesem Zweck bedient sich die Rhetorik allerdings (mindestens) zweier Hilfswissenschaften, die den eben ausgeführten Überlegungen Rechnung tragen, nämlich der Logik und der Psychologie.

Die Logik wendet sich an die Vernunft der Zuhörer und schafft somit das intersubjektive, also die einzelnen Menschen verbindende Band, an dem ich meine Zuhörerschaft führen kann. Das, was im philosophischen, mathematischen oder auch nur alltäglichen Verständnis „logisch" ist, tritt zugleich mit dem Anspruch auf, für jeden verbindlich zu sein.

Nun spricht aber schon Immanuel Kant im Zusammenhang des Überredens von einer „Begebenheit in unserem

Gemüt" und bereits bei Aristoteles finden wir eine rhetorische Affektenlehre, die betont, dass etwa eine gute Rede nicht nur beweisend und überzeugend sein muss, sondern dass man seine Zuhörer zuvor in die richtige Stimmung versetzen muss, indem man mittels *ethos* und *pathos* an ihre Leidenschaft appelliert.

Von daher ist es klar, dass die subjektiv-emotionale Komponente einer besonderen Behandlung bedarf, und diese wird ihr durch die Psychologie zuteil.

Psychologie

Die Psychologie ist in der Rhetorik von erheblicher Bedeutung. So werde ich zum Beispiel versuchen, bei meinem Gesprächspartner möglichst angenehme Assoziationen zu wecken, Wort, Gestik und Mimik in Einklang mit seinen Erwartungen und Möglichkeiten zu bringen und ein Gefühl von Gemeinsamkeiten, ein „Wir-Gefühl" oder aber den Eindruck von verlässlicher Kompetenz zu erzeugen. Ist mir das gelungen, so ist es kein weiter Weg mehr bis zu dem Punkt, an dem der Zuhörer seine Sympathie oder Achtung vom Sprecher auf das Gesagte überträgt und willig den Ausführungen des vermeintlichen Freundes oder Experten folgt.

Wer hingegen durch Arroganz oder Kälte seine Zuhörer verunsichert oder verärgert, der soll sich nicht wundern, wenn diese seiner mit noch so viel Sorgfalt und Sachkenntnis aufgebauten Argumentation nicht folgen oder glauben wollen, so als wollten sie sagen: „Vielleicht bin ich im Unrecht, aber du überzeugst mich nicht, denn ich kann nicht glauben, dass die Wahrheit sich einen derart üblen Propheten sucht."

Um gute Überzeugungsarbeit zu leisten, ist es also notwendig, auch die emotionale Ebene eines jeden Gesprächs zu berücksichtigen, denn die allermeisten Menschen sind bei Weitem nicht so vernünftig, wie sie nach außen hin scheinen. In meinen Vorlesungen pflege ich das bisweilen sehr drastisch auszudrücken: „Der Mensch ist das einzige Lebewesen, das nachweislich in der Lage ist, dummes Zeug zu reden." Wer in wichtigen Gesprächen niemals Gefühle offenbart, ist mit großer Wahrscheinlichkeit wahrhaftig „beherrscht", nämlich von Unsicherheit oder neurotischen Zwängen, nicht aber von seinem Verstand, denn dieser hat keine Abneigung gegen Gefühle. Insbesondere Männer in höheren Bildungsstufen (aber nicht nur die) kokettieren mitunter mit ihrer Sachlichkeit und vergessen dabei völlig, dass solche Eitelkeit schon ihren Verstand vernebelt haben kann. Emotional getroffene Entscheidungen werden dann im Nachhinein mit einer Tünche aus scheinbar rationalen Argumenten überzogen. Möglicherweise sind sie aber auch nur in jener Illusion befangen, die der spöttische Lichtenberg in seinen Aphorismen so trefflich kennzeichnet: „Es gibt Leute, die glauben, alles wäre vernünftig, was man mit einem ernsthaften Gesicht tut."

Wer überzeugen will, muss auch die emotionale Ebene des Gesprächs berücksichtigen.

Emotionale Intelligenz und Schlagfertigkeit

In den späten 1980er-Jahren versuchten die amerikanischen Psychologen Peter Salovey und John Mayer emotionale Fertigkeiten wie Einfühlungsvermögen, Selbstbewusstsein und die Kontrolle der Gefühle in den Begriff der „emotionalen Intelligenz" zusammenzufassen, den schließlich Daniel Goleman in Anlehnung an den klassischen Intelligenzquotienten (IQ) mit dem sogenannten Emotionalquotienten (EQ) messen wollte. Wenn schon die Messbarkeit der gewöhnlichen Intelligenz als IQ methodisch fragwürdig ist, so ist es wohl erst recht die Messung des EQ. Aber da man mit dem Begriff der Intelligenz als „Fähigkeit, das Verhalten den Umständen anzupassen" (S. A. Barnett) sowohl bei Menschen als auch bei Tieren ganz gut arbeiten kann, ohne sie in das Korsett eines exakten Quotienten pressen zu müssen, kann man sich vor diesem Hintergrund auch einmal wohlwollend das Konzept der emotionalen Intelligenz anschauen. So scheint die Fähigkeit, mit eigenen und fremden Gefühlen umzugehen, bei verschiedenen Menschen ja durchaus sehr unterschiedlich zu sein.

Goleman zitiert in diesem Zusammenhang gern die asiatischen Traditionen der Achtsamkeit gegenüber der eigenen Gefühlswelt. Man schwimmt nicht einfach nur wie ein Stück Treibholz im Strom der Gefühle, sondern man beobachtet zugleich, wie man sich in diesem Strom bewegt. Dadurch schafft man die Voraussetzung, um den einen oder anderen Zug Gin dieser Bewegung bewusst und aktiv zu verändern. Wer in einer bestimmten Situation einfach nur zornig ist, wird sich kaum beherrschen können, und selbst wenn ihm das gelingt, so besteht der Zorn fort. Wer aber zudem in der Lage ist, sich zu sagen „Ich empfinde jetzt Zorn, weil ...", der ist bereits einen Schritt weiter und darf nun entscheiden, ob er seinen Zorn als berechtigt zulässt oder ihn aber zumindest infrage stellt.

Gerade dies ist in Situationen angebracht, in denen wir schlagfertig sein wollen. Wenn uns jemand geärgert hat und wir ihm schlagfertig entgegentreten wollen, so scheitert das sehr häufig genau daran, dass wir uns dermaßen ärgern, dass uns einfach nichts Gescheites einfällt. Wer nun aufgrund seiner emotionalen Intelligenz in der Lage ist, diesen Zustand blitzartig zu analysieren und zu hinterfragen, hat sich wahrscheinlich schneller wieder „im Griff". Man ist nun – wie die Verfechter der emotionalen Intelligenz sagen – in der Lage „sich angemessen zu ärgern". Betrachten wir es einmal aus der Sicht von Benjamin Franklin: „Wir sind nie grundlos wütend, aber selten aus einem guten Grund."
Einen weiteren Trumpf spielt die emotionale Intelligenz dort aus, wo es darum geht, auf dem Klavier der Gefühle seiner Zuhörer zu spielen. Ein gutes Gespür für die emotionale Wirkung eines Gesprächsbeitrags ist oftmals mehr wert als das Erfassen der sachlichen Bedeutung dieses Beitrags.

Eine erfolgreiche Gesprächsführung konzentriert sich also nicht ausschließlich auf die rationale Argumentation, sondern berücksichtigt auch die Tatsache, dass der Mensch in Wirklichkeit kein perfektes „animal rationale", also vernunftbegabtes Lebewesen ist, denn wie Christian Morgenstern schrieb: „Gefühl und Verstand gehören aufs engste zusammen ..."
Besonders hinterhältige Zeitgenossen stimmen ihren Gesprächspartner gelegentlich sogar bewusst aggressiv und böse, provozieren geradezu den Adrenalinstoß in die Blutbahn des Gegners, genau wissend, dass der andere in einer

solch starken emotionalen Stresssituation zu keinem klaren Gedanken und keiner überzeugenden Gegenwehr mehr in der Lage ist.
Die Finessen in diesem Metier sind zahllos und wenn ich gleich einige davon vorstelle, so geschieht dies keineswegs in der Absicht, damit ein Heer von rhetorischen Übeltätern auf die Menschheit loszulassen und den Boshaftigkeiten auf dieser Welt noch ein paar weitere hinzuzufügen. Solche Techniken bedürfen der Übung oder eines natürlichen Talents und können kaum durch ein Buch vermittelt werden. Ich bin mir indessen bewusst, dass es derlei Boshaftigkeiten schon längst und reichhaltig gibt, genauso wie es zahlreiche Menschen gibt, die diese ohne Hemmung anwenden. Man kann sich allerdings gegen derartige Techniken nur dann zur Wehr setzen, wenn man sie als solche erkennt, und so wird vielleicht die Lektüre einiger rhetorischer Wendungen dazu beitragen, dass man sich in der entsprechenden Situation daran erinnert und somit gewarnt ist.
Bevor wir zu den einzelnen Kniffen kommen, müssen jedoch noch ein paar Bemerkungen zu der zweiten wesentlichen Säule der Rhetorik gemacht werden, der Logik.

Logik

Es hat sich im alltäglichen Sprachgebrauch eingebürgert, jede plausible Behauptung mit der Bemerkung „Logisch!“ zu akzeptieren. Dabei wird jedoch häufig übersehen, dass die Logik zunächst mit der Wirklichkeit nichts zu tun hat, dass also zum Beispiel die Behauptung eines Sachverhaltes, selbst wenn dieser wirklich vorliegt, durchaus nicht „logisch" ist, sondern zunächst nur in einem noch näher zu bestimmenden Sinne „wahr".

Oft werden in der Rhetorik zudem unsinnige Thesen einfach mit einer logischen Tünche überzogen und so dem staunenden Publikum dargeboten. Ich leite meine Veranstaltungen zum Thema Rhetorik häufig mit folgender Demonstration ein. Ich wende mich mit einem freundlichen Lächeln an meine Zuhörer und stelle die rhetorische Frage: „Sie alle kennen doch gewiss aus der Mathematik den Lehrsatz:

Wenn $A \times C = B \times C$ ist, dann ist $A = B$?"

An dieser Stelle ist es von besonderer Bedeutung, dass man sich diese Voraussetzung „abnicken" lässt, man schaut sich also ganz kurz zustimmungsheischend um, wartet, dass ein paar Zuhörer verständnisvoll mit dem Kopf nicken, und fährt dann in der Beweisführung fort:

„Nun gilt aber $3 \times 0 = 5 \times 0$.

Nach der obigen Voraussetzung folgt demnach $3 = 5$!"

Spätestens an dieser Stelle fällt den Zuhörern auf, dass die Beweisführung fehlerhaft ist. Der kundige Leser wird auch sofort bemerkt haben, dass die Voraussetzung (der angebliche Lehrsatz) unvollständig (und damit fehlerhaft) ist, da er um die Einschränkung hätte ergänzt werden müssen, dass C nicht gleich Null sein darf. Gerade das entgeht jedoch den Zuhörern häufig, denn ihnen hat man ja mit dem Anschein der Plausibilität an dieser Stelle ein Nicken abgerungen. Sie suchen den Fehler deshalb erst danach, im eigentlichen Beweisgang. Dieser hingegen ist fehlerfrei, das heißt, der Schluss von der (falschen) Voraussetzung auf die (ersichtlich fehlerhafte) Folgerung ist korrekt, der Grund für das falsche Ergebnis deshalb auf den ersten Blick nicht sichtbar.

Nicht immer aber ist der Unsinn so deutlich wie in diesem Beispiel und nicht immer wird man deshalb überhaupt nach einem Fehler in der Beweisführung suchen. Gewitzte Argumentationskünstler werden deshalb immer wieder falsche, aber plausibel und einsichtig wirkende Voraussetzungen aufstellen, sich diese von ihren Zuhörern kurz bestätigen (= abnicken) lassen und dann in korrekten Beweisschritten zu ihrem gewünschten (fehlerhaften) Ergebnis kommen.

Nun ist aber die Technik des „Abnicken-Lassens von Voraussetzungen" keine ausschließliche Frage der Logik, denn Plausibilitätserwägungen gehören noch eher in das Gebiet der Psychologie oder Philosophie. Gerade Letztere zeigt uns, wie man auch mit logisch korrekten Beweismitteln die Welt rhetorisch auf den Kopf stellen kann.

Diese Möglichkeit ergibt sich aus der Eigenart der Logik, welche nicht ein Abbild unserer (oder jedweder Art von) Wirklichkeit ist. Präziser ausgedrückt: „Logisch gültige" Aussagen sind nicht notwendig auch „realgültig", das heißt, sie entsprechen nicht notwendigerweise der Realität.

Wenn wir unter Wahrheit die Übereinstimmung einer Behauptung oder allgemein eines Satzes mit einem vorliegenden Sachverhalt verstehen, so ist die Negation (Verneinung) dieser Behauptung offenbar falsch. Wenn ich also die Aussage „Dieses Pferd ist weiß“ bejahe, so muss ich die Negation dieser Aussage „Dieses Pferd ist nicht weiß“ verneinen.

Was aber ist, wenn sich zwei Gesprächspartner über die Zuordnung der Bezeichnung „weiß“ nicht einig sind, weil etwa der eine leichte Abweichungen ins Gelbliche noch toleriert, der andere hingegen nicht? Unter Umständen kämen nun beide zu einander widersprechenden Aussagen über die Farbe desselben Pferdes und müssten demnach die Aussage des jeweils anderen als falsch verwerfen.

Wahrheit und Falschheit eines Satzes hängen offenbar von den in dem jeweiligen Gespräch akzeptierten Voraussetzungen ab. Selten aber bestimmt die Wirklichkeit, sondern häufiger die Überzeugung der Gesprächspartner diese Voraussetzungen. So werden in allen überwiegend theoretischen Wissenschaften (Mathematik, Rechtswissenschaften, Geisteswissenschaften …) die Voraussetzungen zunächst einmal geschaffen, sie sind also nicht wie die Natur vorgegeben. „Wahr“ ist hier nur, was mit diesen geschaffenen Voraussetzungen übereinstimmt. Diese Übereinstimmung prüfen wir mit den Mitteln der Logik. Ergibt sich dabei eine Abweichung, so gilt die betreffende Behauptung als „logisch falsch“. „Wahr“ und „falsch“ sind also zwei grundlegende Begriffe der Logik, man nennt sie beide „Wahrheitswerte“. Sowohl wahre als auch falsche Aussagen sind somit „logisch“.

Schlagfertig kontern mit Logik
An den Mathematiker und Philosophen Bertrand Russell: „Mr. Russell, wenn es stimmt, dass man bei Annahme falscher Voraussetzungen alles beweisen kann, dann zeigen Sie doch, dass aus 5 = 4 folgt, dass Sie der Papst sind!" Antwort von Russell: „Nicht schwer! Aus 5 = 4 folgt sofort 2 = 1. Der Papst und ich sind zwei, also sind wir eins!"

Damit aber bietet die Logik eine ideale Ausgangsbasis für eine schlagfertige und vor allem schlagkräftige Argumentation. Eine logisch saubere Argumentation ist, sofern über die Voraussetzungen eine Einigung erzielt wurde, kaum zu knacken. Wie wir gleich sehen werden, hat dann noch nicht einmal die Realität eine echte Chance, uns zu widerstehen.

Logik und Realität im Widerstreit?

Bisweilen gerät die Logik mit ihrer sehr präzisen Begrifflichkeit in Konflikt mit den eher vagen Bestimmungen der Umgangssprache. Manches, was im alltäglichen Verständnis logisch erscheint, hat möglicherweise mit Logik gar nichts zu tun. So sind etwa inhaltliche Folgebeziehungen möglicherweise realgültig, das heißt ich beobachte ausnahmslos, dass alle Gegenstände, die ich in den Händen gehalten habe, nach dem Loslassen nach unten fallen. Logisch ist eine solche Aussage jedoch erst dann, wenn ich das Gesetz der Schwerkraft als wahr voraussetze, und zwar unabhängig davon, ob und wie weit dieses Gesetz abgesichert ist.

Die Logik schwingt sich damit zum Lehrmeister unserer Sprache auf, indem sie diese von einem Ballast bildlicher und unscharfer Formulierungen zu befreien vermag. Die Unabhängigkeit von der erfahrbaren Realität und die Lösung von einigen Regeln der Umgangssprache verhindert im Allgemeinen nicht, dass die Logik psycho*logisch* im Sinne eines Argumentes akzeptiert wird. Dadurch wird sie nun zu einem Instrument, mit dessen Hilfe sich so manches liebgewonnene Denkgebäude demontieren lässt.
Logiker und Rhetoriker haben es deshalb in den vergangenen Jahrhunderten immer wieder verstanden, Wissenschaftler und Denker anderer Disziplinen mit den unterschiedlichsten logischen Spitzfindigkeiten zu ärgern, von denen ich im Folgenden einige lehrreiche Beispiele nennen will.
Auf Zenon aus Elea (um 490–430 v. Chr.) gehen einige Versuche zurück, mithilfe von Paradoxien die Stellung der Mathematik und den Begriff der Bewegung zu erschüttern. Hier die abgewandelte Version eines dieser Versuche:

Der große Läufer Achilles beschließt eines Tages, mit einer Schildkröte um die Wette zu laufen. Der Einfachheit halber nehmen wir an, dass Achilles genau zehn Mal so schnell läuft wie die Schildkröte und dass diese aus Gründen der Fairness einen Vorsprung von einem Meter bekommt. Sie laufen nun zur gleichen Zeit los, und in der Zeit, in der Achilles den einen Meter bis zum Startpunkt der Schildkröte zurückgelegt hat, ist die Schildkröte ganze zehn Zentimeter weitergekommen. Nachdem Achilles nun diese zehn Zentimeter aufgeholt hat, beträgt der Vorsprung der Schildkröte noch einen Zentimeter. Hat er diesen einen

Zentimeter erreicht, so ist sie ihm nur noch einen Millimeter voraus, danach einen Zehntel Millimeter und so weiter bis in alle Ewigkeit. In diesem Gedankenmodell holt Achilles die Schildkröte also niemals ein!

Mathematiker sind ja häufig keine Rhetoriker, weshalb eine naive mathematische Berechnung sehr einfach ergeben würde, dass Achilles nach genau 1,111111… = 1 1/9 m der armen Schildkröte auf den Schild treten müsste.

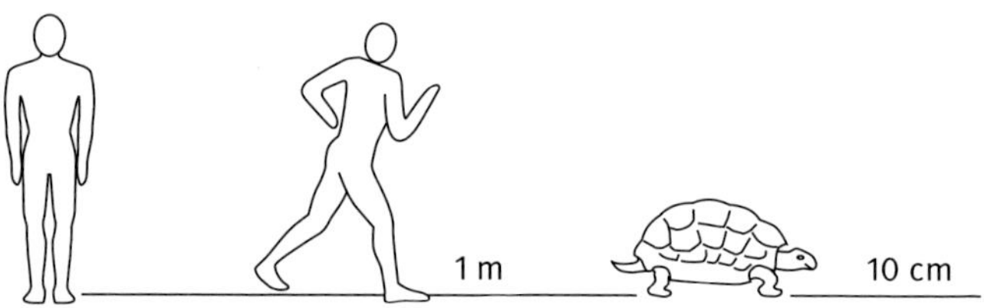

Es hängt also offensichtlich viel davon ab, wie man ein Problem oder einen Lösungsweg präsentiert, um zu dem gewünschten Ergebnis zu kommen. So kann man insbesondere ein Argument oder eine Frage dadurch kontern, dass man zeigt, dass es bzw. sie zu absurden Konsequenzen führt.

Dies zeigt sich auch an einem kleinen Schlagabtausch in meiner Schulzeit, dessen Hintergrund sich durch meine leichte Antipathie gegen einen jungen Referendar erklärt, der in unserer Klasse für kurze Zeit den Philosophieunterricht übernommen hatte. Ansonsten unterrichtete dieses Fach nämlich ein mit allen Wassern gewaschener Jesuit, den ich sehr achtete und der wahrscheinlich nicht ganz unschuldig an dem Zustan-

dekommen dieses Buches ist. Jener Referendar musste in unserer Klasse seine Lehrprobe für die endgültige Übernahme in den Schuldienst absolvieren. Er leitete seine Lehrprobe damals mit folgender philosophischen Frage ein: „Was können wir hier und jetzt tun?" Ich vermute, dass es ihm gar nicht recht war, dass ausgerechnet ich mich als Erster und Einziger meldete. Was blieb ihm übrig, als mich aufzurufen, wohl ahnend, dass da nichts Gutes kommen konnte? Ich antwortete: „Lassen Sie uns kurz überlegen, was ‚jetzt' ist. Wenn es eine Zeitspanne wäre, so könnten wir sie unterteilen in einen Bereich, der der Vergangenheit angehört, und einen Teil, der in der Zukunft liegt. Das aber meinen wir nicht, wenn wir ‚jetzt' sagen. ‚Jetzt' bezeichnet offenbar genau den Zeitpunkt, der Vergangenheit und Zukunft voneinander trennt. Also einen mathematischen Punkt ohne jede Ausdehnung. Für jede Tätigkeit brauchen wir aber eine gewisse Zeitspanne. Daraus folgt logisch, dass wir jetzt überhaupt nichts tun können! Und da wir immer im Jetzt leben, können wir nie etwas tun!" An dieser Stelle traten mir meine Klassenkameraden von links und rechts gegen das Schienbein, worauf ich für den Rest der Stunde schuldbewusst verstummte und zusah, wie meine Kameraden ihr Möglichstes taten, um die Lehrprobe doch noch zu retten.

Ein anderes Beispiel (mir unbekannter Herkunft) erhellt die logischen Fallen der juristischen Argumentationskunst.

Ein Rhetoriklehrer (ein antiker Vorläufer der heutigen Juristen) vereinbart mit seinem Schüler folgende Zahlungsweise für dessen Ausbildung: Der Schüler habe die Gebühr für die erhaltenen Stunden erst dann zu entrichten, wenn er seinen ersten Prozess geführt und gewonnen habe. Nun verstreichen Tage, Wochen und Monate, doch da der Schüler aus *begütertem Hause ist, führt er keinerlei Prozess, und der alte Lehrer wartet darum vergeblich auf sein Geld. So geht er eines Tages zu seinem Schüler und erklärt ihm: „Da du offenbar nicht gewillt bist zu zahlen, werde ich dich verklagen. In diesem Falle bleiben dir nur folgende Möglichkeiten: Entweder ich gewinne das Verfahren, und das Gericht spricht mir das Geld zu, oder aber du gewinnst deinen ersten Prozess und musst gemäß unserer Vereinbarung zahlen." Der Schüler überlegt kurz und entgegnet seinem ehemaligen Lehrmeister: „Du irrst, denn entweder bestätigt mir das Gericht, dass ich nicht zu zahlen habe, oder ich verliere die Verhandlung, aber dann ist unser Vertrag nicht berührt und du bekommst ebenfalls kein Geld."*

Wie immer nun heutige Juristen diesen Streit entscheiden würden, der ursprünglich so unverfänglich wirkende Vertrag birgt offenbar erhebliche logische Tücken.
Etliche dieser logischen Tücken sind zweifellos konstruiert, das heißt, wir haben es hier mit sogenannten Fang- oder Trugschlüssen zu tun, die im Sinne „logischer Kunststücke" den Verstand in die Irre führen sollen. Sehr bewandert in dieser offenbar stark rhetorisch orientierten Logik waren die Megariker (um 400 v. Chr.), die, aus der Schule des Sokrates stammend, bisweilen auch als „die wahren Künstler der Rede, die eigentlichen Dialektiker" bezeichnet werden. Zu einem gewissen Ruhm gelangten hier insbesondere die Sophismen des Eubulides, auf den unter anderem die bekannte Lügner-Paradoxie zurückgeht: „Lügt man dann, wenn man sagt, dass man lüge?"

Lügt man, wenn man sagt, dass man lügt?

Offensichtlich sagt man nun gerade dann die Wahrheit, wenn man lügt, und so steht man schnell vor einem ausweglos erscheinenden inneren Widerspruch, einer sogenannten *Antinomie*.

Wie mache ich meinen Gesprächspartner mit Antinomie zum Lügner?

Ein Mann sagt zu einem anderen: „Ich werde dir gleich eine Frage stellen, die du ganz einfach mit Ja oder Nein beantworten kannst. Es wird auch keine schwierige Frage sein, denn du wirst die richtige Antwort kennen. Trotzdem wird es dir nicht möglich sein, mir die richtige Antwort zu sagen. Jeder andere könnte mir vielleicht die richtige Antwort sagen, du aber nicht. Dennoch bist du der einzige Mensch auf der Welt, der die richtige Antwort kennt." Welche Frage wird er ihm stellen?

Lösung: „Wirst du diese Frage mit Nein beantworten?"

Mangelhafte logische Strenge in der Begründung

In sehr vielen Fällen sind Widersprüche die Folge einer mangelhaften logischen Strenge in der Ausgangslage, etwa in der wenig präzisen Definition der zugrunde gelegten Begriffe. Die daraus entstehenden logischen Mängel und Tücken sind dann oftmals sogar Bestandteil der Erklärungen der von vielen Menschen gerade wegen ihrer Logik bewunderten (exakten) Wissenschaften.

Betrachten wir doch einmal den Standpunkt eines naiven kleinen Kindes, das wissen will, warum die Gegenstände nach dem Loslassen nach unten fallen. Wir erinnern uns, dass es ein Gesetz der Schwerkraft gibt, und erklären deshalb dem Kind, dass die Gegenstände durch eine allgemein zwischen allen Körpern wirkende Kraft, die sogenannte Gravitation, nach unten gezogen werden. Für eine Weile wird diese Erklärung auch hingenommen, doch mit der Zeit lernt unser Kind dazu, und eines Tages werden wir mit der Frage konfrontiert, woraus wir denn das Gesetz der Schwerkraft ableiten. Wiederum erinnern wir uns, diesmal vielleicht an die Geschichte von Newton und dem Apfel, und wir erklären deshalb, dass das Gesetz der Schwerkraft eine Verallgemeinerung der Beobachtung ist, dass sich Körper gegenseitig anziehen, dass also zum Beispiel Gegenstände nach dem Loslassen herunterfallen.

Vielleicht liegt es an der zwischen den beiden Fragen verstrichenen Zeit, dass wir nicht bemerkt haben, dass wir letztendlich behauptet haben, dass die Gegenstände fallen, weil es die Schwerkraft gibt, und diese wiederum rechtfertigen wir damit, dass die Gegenstände fallen. Hätten wir gleich behauptet, dass die Gegenstände fallen, weil sie fallen, hätte uns das Kind wahrscheinlich nicht für sonderlich klug gehalten, doch wären wir damit unserem Kenntnisstand deutlicher gerecht geworden.

Man mag daraus die Lehre ziehen, dass allgemeine Gesetze in einem bewussten Sprachgebrauch eben nichts *erklären*, sondern das Geschehen auf dieser Welt lediglich *beschrei-*

ben, auf jeden Fall wird hier deutlich, wie die Logik übertriebene Ansprüche einer wissenschaftsgläubigen Zeit auf bescheidenere Maße zu reduzieren vermag.

Logik als Grundlage der Argumentation

Die Logik ist offenbar eine Grundlage aller Argumentation. Es gibt keinen stichhaltigeren Einwand gegen ein Argument, als zu zeigen, dass es logisch unstimmig ist. Während sachliche Unrichtigkeit oftmals an Ort und Stelle nicht überprüft werden kann, weil der sachliche Bezug (etwa der behauptete Sachverhalt) nicht unmittelbar beobachtet werden kann, ist die logische Fehlerhaftigkeit sogar für Personen einsichtig, die ansonsten über keinerlei Sachkenntnis verfügen. Die erste Forderung, die an ein Argument zu stellen ist, ist darum die nach logischer Stimmigkeit. Logische Korrektheit ist zudem eine Voraussetzung dafür, dass eine Argumentation nachvollzogen werden kann. Dies wiederum ist eine Voraussetzung für die eigentliche Funktion eines Arguments: den Argumentationspartner oder Gegner zu überzeugen.

Eine Argumentation kann nur nachvollzogen werden, wenn sie logisch stimmig ist.

Argumente dienen unter anderem dazu, anderen Menschen etwas zu beweisen oder zumindest aufzuzeigen. Das *Aufzeigen* in einem Argument geschieht durch Beispiele. Soll lediglich nachgewiesen werden, dass etwas gelegentlich der Fall ist, so genügen einige überprüfbare Fälle, die das zu Zeigende belegen. Der *Beweis* in einem Argument setzt indes mehr voraus: Er ist der Nachweis der Richtigkeit eines

Satzes aus zugestandenen Voraussetzungen mithilfe eines logischen Schlusses.

Der Satz des zureichenden Grundes Soll eine Argumentation *logisch zwingend* sein, so müssen die verwendeten Argumente die Kriterien des *zureichenden Grundes* erfüllen. Gemeint ist damit, dass zur Begründung einer These nur Aussagen zugelassen werden dürfen, die sowohl für sich genommen wahr sind als auch zureichende Bedingungen für die Wahrheit der These sind. Ist dies nicht der Fall, so kommt es zum Beispiel zu einem logischen Fehler, der in der Fachliteratur häufig mit der lateinischen Bezeichnung *non sequitur* dargestellt wird. So bilden etwa die für sich wahren Aussagen, dass Schiffe bei Annäherung an den Horizont in diesen zu versinken scheinen und dass die untergehende Sonne zum Schluss nur noch die Spitzen der Häuser oder Berge beleuchtet, keine zureichenden Gründe für die Behauptung, dass die Erde die Gestalt einer Kugel habe. Bewiesen wird damit nur die Tatsache einer positiv gekrümmten Oberfläche.
Zureichende Gründe wären beispielsweise die Aussagen, dass der Horizont an jedem beliebigen Ort der Erde einen Kreis von gleicher Krümmung bildet und dass der Erdschatten bei einer Mondfinsternis immer runde Konturen hat, da nur Kugeln aus jeder beliebigen Beleuchtungsrichtung einen kreisförmigen Schatten werfen.
Ein weiterer Verstoß gegen den Satz vom zureichenden Grund ist zum Beispiel, wenn man aus den beiden Sätzen „Einige Menschen können schwimmen" und „Klaus und

Peter sind Menschen" die Folgerung zieht „Klaus und Peter können schwimmen".

Die Argumente müssen ferner Aussagen sein, deren Wahrheit unabhängig von der Wahrheit der These ist, da wir ansonsten einem *Circulus vitiosus* (Zirkelschluss oder Teufelskreis) anheimfallen, wie in dem zuvor geschilderten Beispiel, in welchem die Schwerkraft die Erklärung für den freien Fall und dieser wiederum die Erklärung für die Schwerkraft ist.
Aber auch ohne Circulus vitiosus hat jeder korrekte logische Schluss letztlich die Form einer *Tautologie* (eine Aussage, die in sich wahr ist), das heißt, am Ende der Beweiskette steht nicht mehr, als man zu Beginn an Voraussetzungen hineingesteckt hat. Eine Informationszunahme kann also durch einen logischen Schluss nicht erzielt werden. Dafür jedoch besitzt er den Vorteil jeder Tautologie: Er ist wahr.
Im folgenden Test können Sie Ihre Fähigkeit des logischen Denkens und Argumentierens überprüfen. Zum Trost sei vorweg angemerkt, dass nur wenige Teilnehmer meiner Seminare in diesem Test alle Fragen richtig beantworten. Dies muss aber auch nicht sein, wenn Sie dadurch nur erkennen, wo Ihre Schwächen oder Denkfehler liegen, denn bekanntlich lernt man ja vor allem aus diesen Fehlern. Im Schnitt sollten Sie allerdings über die Hälfte richtig beantworten, ansonsten sollten Sie das Ergebnis des Tests zum Anlass nehmen, sich noch einmal intensiver mit diesem Thema zu beschäftigen.

Logisches Denken und Argumentieren. Ein Test

Von den folgenden Antwortmöglichkeiten ist nur jeweils *eine* richtig. Kreuzen Sie bitte die richtige Lösung an.

1. Wenn die folgende Aussage „*Es regnet und der Himmel ist grau*“ wahr ist, so ist auch die folgende Aussage wahr:
   a) Es regnet und es stürmt.
   b) Es regnet.
   c) Es regnet und der Himmel ist nicht grau.
   d) Es regnet immer.
2. Wenn die Aussage „*Immer wenn es regnet, ist die Straße nass*“ wahr ist, so ist auch folgende Aussage wahr:
   a) Wenn es nicht regnet, ist die Straße nass.
   b) Wenn die Straße nicht nass ist, regnet es nicht.
   c) Wenn die Straße nass ist, dann regnet es.
3. Die Verneinung der Aussage „*Alle Autos rosten*“ lautet:
   a) Alle Autos rosten nicht.
   b) Kein Auto rostet.
   c) Es gibt mindestens ein Auto, das nicht rostet.
   d) Es gibt einige Autos, die rosten.
4. Es gelten folgende beiden Aussagen:
   Alle Gräser sind grün. Diese Pflanze ist ein Gras.
   Daraus folgt:
   a) Diese Pflanze ist grün.
   b) Alle Pflanzen sind Gräser.
   c) Alle Pflanzen sind grün.

5. Sie versprechen jemandem: „Wenn ich morgen Zeit habe, komme ich.“ Sie haben Ihr Versprechen gebrochen, wenn
   a) Sie keine Zeit hatten und nicht gekommen sind.
   b) Sie Zeit hatten und gekommen sind.
   c) Sie Zeit hatten und nicht gekommen sind.
   d) Sie gekommen sind, obwohl Sie keine Zeit hatten.
6. Kann man Aussagen mit Allgemeingültigkeit (etwa „Alles Leben kommt aus dem Meer?“) durch Erfahrung beweisen?
   a) Ja
   b) Nein
7. Kann man Aussagen, die die Existenz von etwas behaupten (etwa „Es gibt Schneemenschen“) durch Erfahrung beweisen?
   a) Ja
   b) Nein
8. Kann man solche Existenzaussagen durch Erfahrung widerlegen?
   a) Ja
   b) Nein
9. Nehmen wir an, Sie haben mindestens eine der Fragen 1 bis 8 richtig beantwortet. Die Verneinung dieses Satzes lautet:
   a) Sie haben alle Fragen richtig beantwortet.
   b) Sie haben mehrere Fragen richtig beantwortet.
   c) Sie haben keine Frage richtig beantwortet.
   d) Sie können auch die neunte Frage nicht beantworten.

Auflösung

1. b) Alle anderen Aussagen gehen entweder über die ursprüngliche Aussage hinaus oder widersprechen ihr.
2. b) Wenn die Straße einmal nicht nass ist, so kann es auch nicht geregnet haben. Im Übrigen kann aber die Straße auch aus anderen Gründen nass sein, sodass c) nicht infrage kommt.
3. c) Die *Verneinung* bildet man einfach durch Voranstellen von „nicht“: *Nicht* alle Autos rosten. Dies ist aber gleichbedeutend mit: Es gibt mindestens ein Auto, das nicht rostet. Die Aussagen „Alle Autos rosten nicht“ oder „Kein Auto rostet“ bilden nicht die Verneinung, sondern das *Gegenteil* der ursprünglichen Aussage. Mit einem anderen Beispiel: Das Gegenteil von „weiß“ ist „schwarz“, die Verneinung von „weiß“ ist hingegen lediglich „nicht weiß“, und das bedeutet sehr viel mehr Farben als nur „schwarz“.
4. a) Alle anderen Aussagen gehen über die ursprünglichen beiden Aussagen hinaus.
5. c) Offensichtlich braucht man ein in der Wenn-dann-Form gegebenes Versprechen nur zu halten, wenn der Teil des Satzes, der unmittelbar hinter dem „wenn“ steht, auch wirklich zutrifft.
6. b) Allaussagen kann man nur im Bereich der Logik und Mathematik beweisen, in den empirischen Bereichen, in der sogenannten Realität, scheitert dies stets daran, dass ich nie die Menge „aller“ relevanten Gegenstände zur Verfügung weiß. Somit lassen sich empirische Allaussagen, wie etwa Naturgesetze, durch Beobachtun-

gen zwar stützen oder sie können sich bewähren, sie lassen sich jedoch nicht im logischen Sinne beweisen.

7. a) Ja, ich brauche den fraglichen Gegenstand lediglich vorzuzeigen. Hätte der berühmte Bergsteiger Reinhold Messner also den Schneemenschen von seiner Exkursion im Himalaja mitgebracht, so hätte er seine Existenz in der Tat bewiesen. Die bloße Behauptung „Ich habe ihn da irgendwo gesehen" reicht nicht. So hat man zum Beispiel die Existenz des als ausgestorben geltenden Quastenflossers dadurch bewiesen, dass man ihn eines Tages vor Madagaskar aus dem Wasser gezogen hat.

8. b) Nein. Die Existenz des sagenhaften Ungeheuers von Loch Ness etwa lässt sich durch noch so viele fehlgeschlagene Versuche, es zu finden, nicht widerlegen. Man wird immer nur sagen können „Wir haben es nicht gefunden", man wird nie sagen können „Wir haben seine Existenz widerlegt." Und selbst wenn man dieses Gewässer eines Tages trockenlegen sollte, so werden die Schotten sagen: „Kein Wunder, dass Nessie rechtzeitig verschwunden ist. Aber sobald das Wasser wieder drin ist, ist sie wieder da!"

9. c) Da die Verneinung durch Voranstellen von „nicht" gebildet wird, lautet der fragliche Teil der Aussage „nicht mindestens eine", und dies ist gleichbedeutend mit „keine". Mit etwas Humor und weniger logischer Schärfe könnte man hier natürlich auch die Antwort d) gelten lassen.

Situationen, in denen man sich zu helfen wissen muss

Dieses Kapitel beleuchtet die unterschiedlichsten Situationen – im Geschäftsleben ebenso wie im privaten Umfeld –, in denen Schlagfertigkeit gefragt ist. Hier lernen Sie nicht nur die effektivsten Techniken, sondern auch die Taktik Ihrer Gesprächspartner zu durchschauen.

Einen guten Eindruck machen, ohne viel zu sagen: das aktive Zuhören

Schon der römische Gelehrte Boethius wusste um folgende Weisheit: „Hättest du geschwiegen, wärest du ein Philosoph geblieben." Dieser Abschnitt zeigt, warum es bisweilen besser ist, seinen Rededrang zu zügeln.

Sobald mehr als zwei Menschen miteinander reden, hören zwangsläufig die meisten von ihnen die meiste Zeit zu. Obwohl also das Zuhören den größten Teil unserer Kommunikationstätigkeit ausmacht, scheint es nicht zu unseren geschultesten Fähigkeiten zu gehören. So ist das Zuhören zwar die am meisten gebrauchte Kommunikationsfähigkeit, aber sie wird weder in der Schule noch in anderen Ausbildungen systematisch vermittelt. Zahllose Klagen, zum Beispiel von geplagten Untergebenen über ihren Chef, von Ehepartnern übereinander oder von Kindern über ihre Eltern, beziehen sich darauf, dass die Betroffenen das Gefühl haben, dass der Gesprächspartner „gar nicht richtig zuhört".

Wer „aktiv" zuhört, gibt dem Gesprächspartner durch Körperhaltung und Mimik zu verstehen, dass dieser im Mittelpunkt der Aufmerksamkeit steht. Gelegentliche Reaktionen wie Kopfnicken und kurze gesprochene Aufmunterungen unterstützen den Redefluss des anderen. Verfallen Sie jedoch nicht der Versuchung, selbst zu sprechen, denn man kann nicht beides zur gleichen Zeit: sprechen und zuhören. Wer aktiv zuhört, redet selbst nicht zu viel und sagt auch nichts Falsches. Dies mag all denen als Trost und Motivation dienen, die mit dem Zuhören Schwierigkeiten haben. Der gute Zuhörer wirkt zudem interessiert und gibt dem Redenden ein Gefühl von Geltung und Achtung. Man kann dieses Gefühl noch verstärken, indem man dem anderen ab und zu Fragen stellt, die beweisen, dass man tatsächlich zugehört hat, und die darüber hinaus signalisieren, dass man gern noch mehr erfahren würde.

Aktives Zuhören will erst einmal gelernt sein.

Umgekehrt kann deshalb das betonte *Nichtzuhören* zu erheblicher Beeinträchtigung der Beziehung zwischen den Gesprächspartnern führen. Das Kind, das das Gefühl hat, dass ihm seine Mutter nicht richtig zuhört, wird sich schließlich eine andere Bezugsperson suchen. Der Ehepartner, der sich stets nur die beruflichen Probleme des anderen anhören muss, mit den eigenen (beruflichen oder privaten) Sorgen jedoch kein Gehör findet, wird sich irgendwann frustriert abwenden und, sofern er sich nicht scheiden lässt, nur noch *neben*, aber nicht mehr *mit* seinem Partner leben. Politiker setzen das Nichtzuhören oftmals absichtlich als rhetorische Technik ein, mit der sie dem Kandidaten der Opposition signalisieren, was sie von ihm und seinen Ausführungen halten. Da unsere Fernsehanstalten sich das Bild demonstrativ zeitunglesender Abgeordneter während einer Bundestagsdebatte nicht entgehen lassen, wird damit auch dem Zuschauer mitgeteilt, dass der derzeitige Redebeitrag die Mühe des Zuhörens nicht wert ist.

„Du hörst mir einfach nicht zu" – Frauen und Männer kommunizieren unterschiedlich

Es ist mittlerweile bekannt, dass Frauen und Männer zumindest in unserem Kulturkreis einen unterschiedlichen Kommunikationsstil pflegen. Während der Gesprächsstil von Männern sich eher auf den sachlichen Inhalt konzentriert, pflegen Frauen in ihrer Kommunikation weitaus stärker den Beziehungsaspekt zwischen den Gesprächspartnern mit einfließen zu lassen. Fatal ist nur, dass beide dabei mitunter die gleichen Wörter benutzen. So bedeutet die einfache Bestätigung durch das Wörtchen „Ja" in der Frauensprache eher eine Bestätigung der Beziehung zum Gesprächspartner im Sinne von „Ich höre dir zu und folge dir“. Sagt ein Mann „Ja“, so bedeutet das zumeist nur, dass er seinem Gesprächspartner inhaltlich zustimmt. Daraus resultieren schon recht interessante Missverständnisse zwischen den Geschlechtern, die in der Konsequenz dann häufig in den Vorwurf münden, dass der oder die jeweils andere „einfach nicht zuhört“.

Die männliche Sprache hat offenbar oft eher einen Mitteilungscharakter und wirkt im Extremfall sogar belehrend oder zumindest monologisierend, wohingegen Männer selbst solchen Monologen zumeist nur widerwillig folgen. Unter den bekanntesten Rednern der vergangenen zwei Jahrtausende waren fast ausschließlich Männer, die besseren Zuhörer waren aber zweifellos die Frauen, nur dass man damit nicht in die Geschichtsbücher kommt. Männer haben darum auch weniger Probleme, einen solchen Monolog mit geeigneten Einwänden von sich aus zu unterbrechen, während Frauen oftmals warten, bis ihnen das Wort erteilt wird.

Frauen sollten sich aber im Klaren sein, dass sie mit einem solchen Verhalten die unsymmetrische Kommunikationssituation ungewollt fördern. In dem Maße, wie sie Männer reden und dozieren lassen, wird diese Chance von den Männern teilweise ohne bösen Willen auch wahrgenommen. Das größere Harmoniebedürfnis vieler Frauen fördert darum paradoxerweise die Konflikte zwischen den

Geschlechtern. Männer gehen davon aus, dass der oder die andere denkt wie ein Mann, und der meldet sich, wenn er etwas zu sagen hat. Und solange sich die Männer in dieser Hinsicht nicht ändern, kann ich den Frauen nur empfehlen, genau das auch zu tun. Irritationen auf der männlichen Seite ob dieses ungewohnten weiblichen Verhaltens kann man (besser: frau) durchaus in Kauf nehmen.
Aber vielleicht reden wir ja alle – Männer wie Frauen – viel zu viel und sollten uns gelegentlich fragen, ob diese Produktion allzu vieler Argumente und Erklärungen überhaupt irgendeinen Sinn hat.

Fasse dich kurz

Auf einer Fahrradtour auf einer Insel im hohen Norden unserer Republik musste ich eines Tages feststellen, dass meine Luftpumpe nur noch ein asthmatisches Pfeifen, aber keine Luft mehr von sich gab. Glücklicherweise – so glaubte ich – kamen wir kurz danach an einem Fahrradgeschäft vorbei, welches von einem typischen Einheimischen geführt wurde. Ich ging also hinein und es entwickelte sich folgender bemerkenswerte Dialog:

Ich: „Ich glaube, diese Luftpumpe ist kaputt."
Antwort (nach einem kurzen Blick): „Jau."
Ich: „Ich denke mal, es ist das Ventil."
Antwort: „Jau."
Ich: „Das Ventil wird man wohl austauschen müssen."
Antwort: „Jau."
Ich: „Haben Sie denn so ein Ventil vorrätig?"
Antwort: „Nö."

Wenn ich bei meinem Gegenüber eine bestimmte Handlung hervorrufen will

Kein rhetorisches Mittel ist so stark und durchdringend wie eine Frage. Gegen eine Frage wird und kann man sich kaum wehren. Der folgende Abschnitt über manipulative Fragetechniken zeigt, wie sehr man mit Fragen den Verlauf eines Gesprächs beeinflussen kann.

Wer Fragen stellt,

- aktiviert und steuert ein Gespräch,
- gibt seinem Gesprächspartner Gelegenheit, Stellung zu beziehen,
- erregt die Aufmerksamkeit des Gesprächspartners,
- schafft und beschränkt die Möglichkeit von Antworten.

Eine Frage kann das Interesse des Fragenden ausdrücken und damit in der Beziehung zwischen den Gesprächspartnern bereits eine Wertschätzung für den Befragten signalisieren. Eine Frage kann natürlich auch die Ahnungslosigkeit des Befragten zutage fördern und damit allen Zuhörern dessen mangelnde Kompetenz aufzeigen, ohne dass dies durch den Frager explizit behauptet werden muss. Offenbar hängt die Bedeutung von Fragen mehr als viele andere Kommunikationsformen von der Beziehung zwischen Fragendem und Befragtem ab.
Schüler und Studenten kennen diese Situation aus teilweise leidvoller Erfahrung, nach der sich die Dozenten in einer Prüfung in zwei Gruppen teilen lassen:

- diejenigen, die durch Fragen herausfinden wollen, was der Prüfling weiß und kann;
- diejenigen, die durch Fragen herausfinden und zeigen wollen, was der Kandidat nicht weiß und nicht kann.

Der Befragte hat natürlich seinerseits die Möglichkeit, rhetorisch nachzurüsten bzw. den Spieß umzudrehen: *An einer Hochschule prüfte eine Kommission schon seit vielen Stunden. Die Prüfung fiel in die heißeste Jahreszeit und an diesem Tag war es zudem drückend schwül. Bei der letzten Prüfung waren die Mitglieder der Kommission deshalb so „geschafft", dass sie den Verlauf ihrer eigenen Prüfung nicht mehr nachvollziehen konnten. Es handelte sich überdies um eine Gruppenprüfung, wo man dennoch möglichst jedem einzelnen Prüfling eine individuelle Leistung zuordnen sollte. Die leidgeprüfte Kommission einigte sich nun aus reiner Verlegenheit darauf, die ganze Gruppe einigermaßen gut zu benoten, allerdings den Kandidaten, der nach Ansicht der Prüfer in der geprüften Gruppe die größte Aktivität an den Tag gelegt hatte, mit der besten Note zu bedenken. Eine spätere Durchsicht der Protokolle ergab, dass ausgerechnet jener Prüfling keine einzige bedeutsame Antwort gegeben hatte, er hatte es allerdings verstanden, sich durch verständig klingende Fragen positiv in das Gedächtnis seiner Prüfer einzuprägen. Diese Fragen waren im Übrigen von seinen eigenen Leidensgenossen beantwortet worden und in einem Fall sogar von einem der Prüfer selbst!*

An diesem Beispiel zeigt sich also bereits zweierlei: einmal, wie sehr Fragen die Aufmerksamkeit eines Gegenübers geradezu erzwingen, und zum zweiten lässt sich hier zumindest schon erahnen, dass wir mit dem Instrument der Frage auch über ein mächtiges Manipulationsinstrument verfügen. Mag dies der pfiffige Student in der eben geschilderten Prüfung vielleicht noch aus reiner Not gemacht haben und sich im Nachhinein selbst über seine gute Note gewundert haben, so gibt es – insbesondere im geschäftlichen Alltag – genug Anlass und Gelegenheit, bestimmte Fragetechniken gezielt zur Beeinflussung des Gesprächspartners einzusetzen. Wie das im Verhältnis Vorgesetzter/Mitarbeiter aussieht, werden die kommenden Abschnitte zeigen. Hier wollen wir uns zunächst einmal mit einem Metier beschäftigen, in dem der manipulative Charakter teilweise unverhohlen ausgelebt wird: der Verkaufsrhetorik.

Manipulation durch Fragen

Stellen Sie sich vor, dass Sie zu Hause Besuch bekommen. Wie sich das so gehört, fragen Sie Ihren Besuch: „Was möchtest du trinken?“ Ihr Besuch antwortet: „Ach, am liebsten hätte ich ein Glas Cola.“ Voller Bedauern entgegnen Sie darauf: „Mensch, das tut mir leid, aber das letzte Glas Cola habe ich selbst vor einer Stunde getrunken. Möchtest du lieber eine Tasse Kaffee oder ein Glas Limo?“ Sollte Ihr Besuch sich jetzt dazu durchringen, tatsächlich Kaffee oder Limo zu wählen, so haben Sie gerade Ihren Besuch hundertprozentig manipuliert! Sie haben nämlich gerade dafür gesorgt, dass er (unabhängig von der Tatsache, ob Sie den Kühlschrank vielleicht randvoll mit Cola haben) etwas ganz anderes trinkt als das, was er haben wollte.

Die Verkaufsrhetoriker empfehlen in diesem Falle, das, was man an den Mann oder die Frau bringen will, tunlichst an die zweite Stelle zu setzen, denn in dem Betrogenen spielt sich etwa Folgendes ab: „Ach, die Cola, die ich haben wollte, hat er nicht. Also schlage ich ihm jetzt auch etwas ab, aber das andere (zweite), die Limo, muss ich ja wohl nehmen.“ Diese Taktik unterschlägt also dem Gesprächspartner die dritte Wahlmöglichkeit, nämlich alles abzulehnen und gar nichts zu trinken.

Was man verkaufen will, setzt man an die zweite Stelle.

Manipulative Fragetechniken im Verkaufsgespräch In der Verkaufssituation sieht das dann so aus: Sie kommen mit einem bekannten Verbrauchermagazin in ein Elektrogeschäft und erklären dem Verkäufer: „Hier, diese Waschmaschine hat in dem Test am besten abgeschnitten. Was kostet die bei Ihnen?“ Der Verkäufer bittet Sie freundlich, ihm das Heft zu zeigen, und entgegnet: „Dieses Heft ist schon über ein halbes Jahr alt. Es tut mir leid, aber diese Waschmaschine ist ein Auslaufmodell, das wir leider nicht mehr vorrätig haben. Aber hier diese Waschmaschine direkt vor Ihnen ist ebenfalls ganz gut und diese hier könnte auch Ihren Vorstellungen entsprechen.“ So läuft er mit Ihnen von einem Gerät zum anderen, bis er bei einer ganz bestimmten Waschmaschine stehen bleibt und Ihnen erklärt: „Das hier ist übrigens das Nachfolgemodell des Testsiegers.“ Kein Zweifel, diese Maschine will er Ihnen verkaufen, aber zuvor musste er Ihnen aus rein taktischen Gründen noch mindestens eine Alternative bieten, damit sie ja nicht die Alternative wählen, die ihm gar nicht passt, nämlich *keine* neue Waschmaschine zu kaufen! Wenn er Sie dann fragt „Für welches der gezeigten Geräte entscheiden Sie sich?“, nehmen Sie mit ziemlicher Sicherheit das, das er an den Mann bringen will. Wenn man das richtig gut macht, dann funktioniert dieser Trick sogar, wenn der andere ihn kennt.

Dies musste ich eines Tages am eigenen Leibe erfahren. Ein Telefonverkäufer rief mich an und fragte mich: „Herr Zittlau, brauchen Sie einen Fotokopierer?“ Dazu muss ich zweierlei sagen: 1. Ich brauchte einen Kopierer. 2. Ich kaufe grundsätzlich nichts am Telefon. Aus dem zweiten Grund sagte ich deshalb: „Nein, ich brauche keinen Kopierer“ und wollte schon wieder auflegen. Aber so schnell werden Sie einen geschulten Mann nicht los. Mit sehr freundlicher Stimme fragte er mich nämlich daraufhin: „Aber wenn Sie sich eines Tages einmal einen Kopierer kaufen würden, wäre das dann eher ein großer oder eher ein kleiner?“ In diesem Moment war ich wohl etwas abwesend und antwortete deshalb: „Ja, wenn ich mir eines Tages einen Fotokopierer zulegen würde, dann sicherlich einen kleinen.“ Woraufhin der Telefonverkäufer zuckersüß reagierte: „Dann darf ich doch sicherlich zu gegebener Zeit noch einmal auf Sie zukommen.“ „Selbstverständlich“, antwortete ich, legte den Hörer auf und hätte beinahe aufgeschrien!

Gute Verkäufer machen aus einer Ablehnung eine eingeschränkte Zusage.

Dieser Trick war geradezu lehrbuchmäßig und der andere hatte auch den Kopierer, der für ein Ein-Mann-Unternehmen infrage kommt, nämlich den kleinen, auf die zweite Stelle gesetzt und damit aus einer runden Ablehnung zumindest eine eingeschränkte Zusage gemacht.

Ganz zweifellos hätte der Verkäufer auch damit leben können, wenn ich den größeren Kopierer genommen hätte, und das ist das Charmante und zugleich auch Hinterhältige an dieser Technik: dass sie dem Manipulierten nämlich auf sympathische Weise eine Wahlfreiheit vorgaukelt, die er nicht hat.

Wenn der Außendienstler an der Türe abgewiesen wird mit der Begründung „Tut mir leid, das passt mit jetzt überhaupt nicht", so sagt er ganz freundlich: „Das ist überhaupt kein Problem, wann ist es Ihnen denn lieber, Donnerstag um 12 oder Freitag um 11 Uhr?" Natürlich schlägt der Außendienstler zwei Termine vor, an denen er ohnehin wieder in der Gegend ist, aber das weiß der Kunde nicht. Nachdem Letzterer sich den Kopf über die Alternativen Donnerstag 12 Uhr und Freitag 11 Uhr zermartert hat, sagt er vielleicht sogar: „Ach, dann bringen wir es hinter uns, kommen Sie halt jetzt rein."

Beispiele für Manipulative Fragetechniken

Ablehnung: „Ich will diesen Pullover nicht anziehen! Darin sehe ich viel zu dick aus!" Konter: „Dann zieh den anderen Pullover an, oder willst du frieren?"

Vorwurf: „Du kümmerst dich aber auch um nichts im Haushalt!" Konter: „Soll ich jetzt die Steuererklärung machen oder den Müll runterbringen?"

Einwand: „Ich denke, Sie sollten noch folgende Punkte berücksichtigen!" Konter: „Sollen wir uns nicht besser auf das Wesentliche konzentrieren oder sollen wir hier bis heute Abend sitzen?"

An diesen Beispielen sehen Sie zugleich, dass Sie mit den im Konter vorgeschlagenen Alternativen recht sorgsam umgehen müssen. Im ersten Beispiel erreichen Sie, dass der andere in beiden Fällen einen Pullover anzieht, und im zweiten, dass Sie sich entweder um die Steuererklärung kümmern oder sich mithilfe des Mülls aus dem Haushalt schleichen können. Im dritten Beispiel riskieren Sie aber eine Marathonsitzung. Wenn Sie allerdings glauben, dass Sie diese Zeit brauchen und auch investieren wollen, dann ist die vorgeschlagene Alternative in Ordnung.

Kinder und die Grenzen der Manipulation

Haben Sie zu Hause einen kleinen Sohn oder eine kleine Tochter und kommen nun auf die tolle Idee, das Essverhalten Ihres Kindes zu ändern, indem Sie fragen: „Du kannst es dir aussuchen, möchtest du lieber die Bockwurst oder das Schnitzel?", so bekommen Sie wahrscheinlich ein fröhliches „Ich will Pommes" (oder Pizza) zu hören. Kinder haben die Entweder-oder-Logik noch nicht verinnerlicht und fallen darum auf diesen Trick noch nicht herein!

Übung

A. Verwandeln Sie folgende Fragen in manipulative Fragen:
   1. Willst du heute Abend noch ausgehen?
   2. Wie findest du Herrn X?
   3. Was möchtest du essen?
   4. Haben Sie morgen Zeit für mich?
   5. Sie wollen also eine Waschmaschine kaufen?

B. Kontern Sie mit der Fragetechnik folgende Vorwürfe oder Einwände. Denken Sie daran, dass Sie bei suggestiven Fragen in der Entweder-oder-Form notfalls mit beiden Alternativen, die Sie anbieten, leben müssen:
   1. Sie haben Ihre Arbeit nachlässig erledigt!
   2. Ich mag keine Bratkartoffeln, die machen dick!
   3. Das mache ich nicht, dazu habe ich jetzt wirklich keine Lust!
   4. Warum musst du mir ständig im Weg stehen?

Lösungsvorschläge A

1. Du willst doch heute Abend nicht etwa ausgehen?
2. Ist dir schon aufgefallen, wie spießig sich Herr X anzieht?
3. Möchtest du als Beilage Reis oder Kartoffeln?
4. Soll ich lieber heute Nachmittag oder morgen Vormittag bei Ihnen reinschauen?
5. Bevorzugen Sie einen Toplader oder einen Frontlader?

Lösungsvorschläge B

1. Liegt das Ihrer Ansicht nach daran, dass ich zu schnell war oder dass ich noch mehr Einweisung brauche? (Erwähnen Sie bloß nicht die Möglichkeit, dass Sie einfach schlampig waren!)
2. Möchtest du dann lieber Pellkartoffeln oder Salzkartoffeln? (Hauptsache Kartoffeln!)
3. Sollen wir warten, bis deine Lust wiederkommt, oder willst du da jetzt durch? (Hauptsache, er oder sie macht es!)
4. Hier ist doch kein Platz! Soll ich mich auf den Tisch stellen oder soll ich für einen Moment aus dem Haus gehen? (Nur anbieten, wenn Sie gehen wollen!)

Der Umgang mit schwierigen Vorgesetzten

Hier erfahren Sie, wie Sie sich verhalten können, wenn Sie zu Recht oder Unrecht kritisiert werden. Außerdem überlegen wir, warum manche Vorgesetzten so schwierig sind und wie Sie sie behandeln sollten. Kurz gesagt geht es also um die Frage: Wie manipuliere ich meinen Chef?

Vorgesetzte sind ebenso wenig frei von dem im Kapitel 3 geschilderten Was-denke-ich-was-andere-von-mir-denken-Syndrom wie andere Menschen auch. Nach meiner Erfahrung werden Führungskräfte sogar in einem besonderen Maße von diesem Virus seelischer Selbstzerstörung befallen. Diese Infektionsanfälligkeit mag mehrere Gründe haben:

Zum einen erfordert die Position einer Führungskraft von ihrem Träger eine gewisse Intelligenz, insbesondere aber die Fähigkeit, die eigenen Gedanken konsequent auf ein bestimmtes Ziel zu lenken. Dazu gehört in der Regel, dass man die Reaktionen seiner Umgebung in sein Kalkül miteinbezieht. Zum anderen befinden sich die allermeisten Führungskräfte in einer Position der Mitte, das heißt, sie sind niemals an der untersten Stelle und meist auch nicht an der höchsten Stelle der Hierarchie. So kann der kluge Vorgesetzte diese unheilvolle Frage gleich in mindestens drei Richtungen stellen und in der Regel auch selbst beantworten:

- nach oben: „Was denkt mein Vorgesetzter von mir?"
- zur Seite: „Was halten meine gleichgestellten Kollegen von mir?"
- nach unten: „Wie denken meine Mitarbeiter über mich?"

Damit aber ist die Situation günstig für gleichzeitige Spekulationen in jeder Richtung: „Wie sehen mich meine Mitarbeiter, halten sie mich für kompetent, vertrauenswürdig, kollegial, oder glauben sie womöglich, dass ich nur durch Beziehungen oder Glück in meine Position gekommen bin, und reden hinter meinem Rücken die fürchterlichsten Dinge über mich? Und wie steht es mit meinem Chef? Er beklagt sich zwar nicht über meine Arbeit, aber gelobt hat mich in den letzten zwei Jahren auch keiner mehr. Vielleicht sähe man mich am liebsten schon im Ruhestand? Habe ich noch jemals Chancen auf eine weitere Beförderung? Wahrscheinlich wird diesmal Kollege Müller befördert, der drängelt sich garantiert vor und der kann mich sowieso nicht ausstehen." Selbstverständlich verfügt man gerade als Führungskraft über genügend Beobachtungsgabe und Menschenkenntnis, um derartige Vermutungen auf eine solide Basis stellen zu können.

So berichtet mir eines Tages ein Industriemeister, dass er große Probleme mit der ihm unterstellten Arbeitsgruppe habe. Er ist ein Mann Mitte fünfzig, der in einem größeren Produktionsbetrieb eine Gruppe von acht Mitarbeitern im Alter zwischen zwanzig und fünfunddreißig Jahren führt. Er selbst macht auf mich einen gehemmten, unsicheren, fast ein wenig hilflosen Eindruck. Nach anfänglichem Zögern gesteht er mir, dass er große Probleme mit den Mitgliedern seiner Arbeitsgruppe habe, weil diese quasi jede seiner Anordnungen hintertreiben, ihm ständig widersprechen und wahrscheinlich auch gegen ihn intrigieren: „Ich bin sicher, die sägen schon an meinem Stuhl. Die haben mich bei der Geschäftsführung angeschwärzt." Er berichtet mir, dass sich innerhalb der Gruppe im Laufe der Zeit ein informeller Führer entwickelt habe, ein achtundzwanzigjähriger, schlagfertiger und witziger Mann, der innerhalb der Gruppe den Ton angibt. Immer häufiger vertrete dieser junge Mann auch die Interessen der Gruppe nach außen, insbesondere gegenüber dem Meister, der schon einige Male Meinungsverschiedenheiten mit ihm hatte. Der junge Mann versuche, derartige Dinge zumeist im Beisein anderer zu erledigen, da er in solchen Fällen mit seinem Witz die Zuhörer auf seiner Seite wisse. Da unser Meister sich in derartigen Situationen unterlegen wähnt, glaubt er, dass mittlerweile jeder seiner Mitarbeiter auf ihn herabsehe oder jedenfalls gegen ihn sei.

Auf die Frage, wie sich diese Einstellung seiner Mitarbeiter äußere, wartet er mit bemerkenswerten Beispielen auf. So habe er beobachtet, dass sie in der Pause beim Verzehr ihrer Butterbrote schmatzen. Ich wage anzudeuten, dass es Menschen mit einem derart schlechten Benehmen sicherlich recht häufig gebe, worauf er entgegnet: „Ach wissen Sie, ich kenne diese Leute besser. Die schmatzen nur, weil sie wissen, dass mich das ärgert." Außerdem rauchen einige von ihnen in der Pause. Abermals wird mein Hinweis auf allgemeine menschliche Schwächen mit der Bemerkung beiseite gewischt, dass seine Mitarbeiter auch dies nur machen, um ihn als Nichtraucher zu ärgern. Es ist, so stelle ich durch Nachfragen fest, durchaus nicht so, dass ihn das Rauchen in seinem physischen Wohlbefinden beeinträchtigt, sondern es ist vielmehr die hinter der Tat vermutete Absicht, die ihn kränkt. Nachdem er noch zwei oder drei ähnliche Handlungen gefunden hat, die ihn in seiner Meinung über die Sichtweise seiner Mitarbeiter bestärken, beginnt er reale Konsequenzen zu ziehen. Diese bestehen darin, seinen Mitarbeitern ihre sadistischen Verrichtungen zu untersagen, also ihnen das Schmatzen während der Brotzeit, das Rauchen und diverse andere angebliche Bosheiten zu verbieten. Man kann sich unschwer vorstellen, dass er spätestens jetzt erreicht, was er bislang nur vermutet hat: Jetzt haben die Mitarbeiter wirklich etwas gegen ihn und beginnen nun, sich tatsächlich zur Wehr zu setzen, was für ihn aber nur der letzte Beweis für seine ursprüngliche Ansicht ist.

Wie aber geht man nun mit solchen Menschen um? Der Hinweis „Das bilden Sie sich doch nur ein" führt auf naheliegende Weise nur zu der Reaktion: „Ich wusste es doch, der ist auch gegen mich!" Optimal wäre es zweifellos, ihn durch geduldiges, beharrliches und zugleich vorsichtiges Nachfragen dazu zu bringen, dass er seine Situation aus seiner Sicht möglichst komplett schildert. Mit etwas Glück merkt der Betroffene einfach dadurch, dass er sein Problem nun endlich in wohlgeformte Sätze bringen muss, dass die ganze Geschichte in Wirklichkeit nicht so schlüssig ist, wie er sich das bislang gedacht hat. Er stellt sich schließlich selbst infrage! Therapeuten wenden diese Technik bisweilen ganz gern an, wohl wissend, dass die meisten Menschen über ihre eigene Situation gern „ins Unreine" denken. Dadurch, dass der Patient beispielsweise ermuntert wird, alles was ihn bedrückt, einschließlich der vermuteten Hintergründe, auch auszusprechen, erreicht man oftmals schon den heilsamen Aha-Effekt, jene berühmte Selbsterkenntnis, die bekanntlich der erste Schritt zur Besserung ist und mit der sich der Betroffene unter dem Strich selbst therapiert.

Der Mitarbeiter als Therapeut?

Als untergeordneter Mitarbeiter kann man eine solche Therapeutenfunktion jedoch nur selten übernehmen, denn dafür wird ein gewisses Vertrauensverhältnis vorausgesetzt, was ja eben wegen der bereits eingetretenen Kommunikationsstörung nicht mehr gegeben ist.

Ich denke, dass aber auch Mitarbeiter, die keinen so guten Draht zu ihrem Vorgesetzten haben, etwas dazu beitragen können, den ungesunden Argwohn so mancher Führungskräfte Schritt für Schritt abzubauen. In meinen Führungsseminaren halten es nämlich fast alle Vorgesetzten für selbst-

verständlich, dass gute Leistungen anerkannt werden sollten, um die Motivation und die Arbeitszufriedenheit ihrer Mitarbeiter zu steigern. Manche sind dann sogar so selbstkritisch, dass sie zugeben, mit Anerkennung ausgesprochen geizig zu sein. Ein Grund dafür kommt dann oftmals sehr schnell zum Vorschein: nämlich das Gefühl, selbst zu wenig Anerkennung von oben zu erfahren. Nun scheint aber das Bedürfnis nach Anerkennung ein Grundbedürfnis zumindest der meisten Menschen zu sein, und wenn dieses nicht erfüllt wird, führt dies zu Unzufriedenheit und schließlich bisweilen auch in die eben beschriebenen nachteiligen Grübeleien über die Schlechtigkeit der Mitmenschen.
Mein Vorschlag hat darum für die betroffenen Mitarbeiter etwas Provozierendes: Geben Sie Ihrem Vorgesetzten die Anerkennung, die er sonst nicht bekommt! Das bedeutet natürlich nicht, dem oder der Betroffenen Honig um den Bart zu schmieren und sich anzubiedern. Es ist vielmehr eine Frage des gegenseitigen Respekts, die hier ins Spiel kommt. Und selbst wenn dieser schon auf der Strecke geblieben sein sollte, dann betrachten Sie es einfach als rhetorische Taktik. Warum soll ich auf eine negative Kritik nicht allen Ernstes kontern: „Ich sehe schon, ich habe nicht Ihre Erfahrung mit diesen Dingen. Können Sie mir nicht zeigen, wie man das macht?" Die Anerkennung wird hier quasi über ein Hilfeersuchen transportiert. Aber auch in anderen Situationen kann man vielleicht sagen: „Ich finde das gut, wie Sie dieses Problem in den Griff bekommen haben. Wie haben Sie das eigentlich gemacht?"

Sollte man sich allerdings als Mitarbeiter mit einer negativen Kritik konfrontiert sehen, die es einem beim besten Willen nicht erlaubt, darauf mit einem versteckten Kompliment zu reagieren, so sollte man einige übliche Verhaltensweisen jedoch lieber unterlassen oder zumindest mit Vorsicht einsetzen:

- sich herausreden
- sich entschuldigen

Das Herausreden macht nur dann Sinn, wenn die Ausrede wirklich gut und möglichst auch noch stichhaltig und berechtigt ist. Aber selbst dann kommt sie bei vielen Vorgesetzten nicht gut an, weil es eine Verhaltensweise ist, die sie bei einem Mitarbeiter, der einen Fehler gemacht hat, erwarten. Wie wir in dem folgenden Abschnitt noch sehen werden, ist es jedoch meistens ungünstig, sich gegenüber einem aggressiven Partner so zu verhalten, wie dieser es erwartet. Die Neigung des Chefs, selbst eine stichhaltige Ausrede als dumme Ausrede aufzufassen, ist hier beträchtlich.

Das Problem mit der Entschuldigung
Sie haben einen Fehler gemacht und werden darauf angesprochen, vielleicht sogar bereits kritisiert. Sollen Sie sich nun für den Fehler entschuldigen? In meinen Seminaren errege ich regelmäßig großes Erstaunen, wenn ich sage: „Nein, entschuldigen Sie sich nicht!“ Was man uns in Kindestagen als sogenanntes gutes Benehmen beigebracht hat, ist nichts anderes als der erste Schritt in den persönlichen Abgrund!

Mit einer Entschuldigung wirft man zum einen die Frage nach einem Schuldigen auf inklusive den Hinweis, wer dieser Schuldige ist. Machen Sie sich bitte klar, dass beides für die Lösung des Problems völlig unbrauchbar ist. Ihre Gesprächspartner werden den Aspekt der Schuld meistens gern aufgreifen, denn leider sind viele Menschen tatsächlich mehr an der Frage der Schuld interessiert als an der Behebung des Fehlers. Der Aphoristiker Werner Mitsch forderte deshalb zu Recht: „Sucht nicht Schuldige, sondern Ursachen."

In unserer Kultur gehören die Begriffe Schuld und Sühne so eng zusammen, dass man Sie nach einer Entschuldigung jederzeit auf dem Altar der Selbstzerfleischung opfern kann, der begangene Fehler überlebt den Schuldigen aber allemal.

Was also soll man tun? Ganz einfach: Geben Sie zu, dass Sie einen Fehler gemacht haben, und kontern Sie sofort mit einer produktiven Frage, etwa: „Ich gebe zu, das habe ich falsch gemacht. Aber wie bekommen wir das jetzt wieder in den Griff?" Sollten Ihre Gegner ihren Heißhunger nach einem Schuldigen partout nicht zügeln können, dürfen Sie auch etwas härter werden: „Hören Sie bitte zu: Ich stehe hier nicht vor dem Jüngsten Gericht, sondern vor einem Problem!"

Manche Mitarbeiter versuchen in einer solchen Situation allerdings auch den Trick einer rhetorischen „Umarmung" ihres Vorgesetzten, indem sie in der Wir-Form sprechen – „Wie können *wir* das Problem denn jetzt lösen?" – in der nicht ganz unberechtigten Hoffnung, dass ein unaufmerksamer Vorgesetzter sich nun das durch seinen Mitarbeiter verursachte Problem aufhalsen lässt. Der schlagfertige Konter eines aufmerksamen Vorgesetzten müsste nun lauten:

„Wissen Sie, *Sie* haben den Fehler gemacht. Jetzt lassen Sie sich auch etwas dazu einfallen!“

Strategien des Konterns

Kontern durch Erweitern
Ein Vorgesetzter kommt zum Mitarbeiter und sagt: „Ich habe Ihnen jetzt doch schon neunundneunzig Mal gesagt, Sie sollen diesen Vorgang nicht in dieser Reihenfolge bearbeiten!“ Schlagfertiger Konter: „Gut, dass Sie jetzt darauf zu sprechen kommen. Ich habe mir gerade überlegt, ob wir nicht auch die Bearbeitung der anderen Vorgänge verbessern sollten. Was halten Sie von folgender Vorgehensweise ...?“
Vorsicht! Nur Vorschläge anbieten, mit denen man selbst auch leben kann!

Kontern durch Relativieren
„Ihre Leistung entspricht in keiner Weise meinen Vorstellungen!“ Schlagfertiger Konter: „Aber im Verhältnis zu letztem Monat habe ich mich doch schon verbessert, oder?“
Vorsicht! Nicht anwenden, wenn Sie letzten Monat krank oder in Urlaub waren!

Kontern durch Verniedlichen
„Ihnen ist hier ein ganz böser Fehler unterlaufen!“ Schlagfertiger Konter: „Ich sehe zwar ein, dass ich etwas falsch gemacht habe, aber können wir das nicht leicht wieder in den Griff bekommen?“
Vorsicht! Nicht anwenden, wenn Sie mit Ihrem Fehler gerade die Firma ruiniert haben!

Kontern durch Übertreiben
„Wie oft muss ich Ihnen eigentlich noch sagen, dass Sie zu diesem Zeitpunkt noch keine Buchung vornehmen dürfen?“ Schlag-

fertiger Konter: „Ich habe den Eindruck, ich mache einfach alles falsch. Ich bin schon so deprimiert, dass ich mich nicht mehr konzentrieren kann!"
Vorsicht! Nicht bei Vorgesetzten anwenden, denen das Befinden Ihrer Mitarbeiter eh gleichgültig ist!

Kontern mit allen vier Strategien
„Ihre Arbeitsweise ist ausgesprochen uneffektiv!"

Erweitern: „So arbeiten wir aber in der ganzen Abteilung. Sollten wir dann nicht einmal den gesamten organisatorischen Ablauf überdenken?"

Relativieren: „Im Verhältnis zu anderen Abteilungen benötigen wir aber die wenigsten Mannstunden pro Fertigungsteil."

Verniedlichen: „Das erscheint nur im Moment so. Bis Ende der Woche haben wir das leicht aufgeholt."

Übertreiben: „Ich komme mir vor wie auf einer Galeere. Es fehlt nur noch, dass Sie uns hier einen Trommler und einen Einpeitscher hinsetzen."

Auf ein schlechtes Gedächtnis spekulieren

Eine sehr manipulative Technik, die vor allem bei überarbeiteten Vorgesetzten funktionieren kann, besteht darin, ihnen den eigenen Einfall als den ihren zu verkaufen.

So musste ich eines Tages mit dem obersten Vorgesetzten einer größeren Firma über die Abfolge einer ganzen Serie von Seminaren verhandeln. Da ich wusste, dass die Einbindung eines großen Teils der Belegschaft in diese Seminare nicht einfach sein würde, rechnete ich damit, sehr rigide

Vorgaben für meine eigene Planung zu bekommen. Leider war mein Terminkalender aber voll und ließ mir keinen großen Spielraum mehr, andererseits wollte ich aber auf den Auftrag nicht verzichten. Ich wusste allerdings, dass die Planung dieses Vorgesetzten aus einer chaotischen Anhäufung von unzähligen Zetteln bestand, auf die er seine zahlreichen täglichen Einfälle notierte und die dann irgendwo in seinem Großraumbüro herumflogen. An der entscheidenden Stelle des Gesprächs, an der wir beide stirnrunzelnd über einem großen Kalender saßen, sagte ich darum: „Eigentlich müssten wir das doch gar nicht mehr planen. Sie hatten doch vor zwei Monaten schon eine gute Idee für die Organisation und den Ablauf der Seminare!" Erleichtert blickte er auf: „Ach ja, hatte ich das? Ich kann mich gar nicht mehr erinnern." „Doch", sagte ich, „Sie hatten damals folgenden Vorschlag gemacht ..." Ich gebe zu, er hatte nie einen derartigen Vorschlag gemacht, konnte aber auch nicht mit Sicherheit ausschließen, dass es so gewesen sein könnte. Und da Vorgesetzte ihre eigenen Einfälle häufig sehr hoch einschätzen, segnete er schließlich meine persönliche Planung ab.

Übung

Versuchen Sie folgende Kritiken schlagfertig zu kontern:

1. „Sie haben schon wieder den Computer abgeschaltet, bevor Sie das Programm geschlossen haben!"
2. „Wenn Sie noch einmal zu spät kommen, dann bekommen Sie eine Abmahnung!"
3. „Wenn ich Sie bei der Arbeit beobachte, dann wird mir schlecht!"
4. „Ich denke, Sie haben bei Ihrer Planung Folgendes übersehen ..."

Lösungsvorschläge

1. *Frage:* „Kann ich das Programm sofort schließen oder muss ich vorher speichern?"
   Schlechtes Gedächtnis: „Wissen Sie nicht, dass Sie mir das vorige Woche noch so erklärt haben?"
2. *Erweitern:* „Ich sehe schon, ohne mich läuft die Firma nicht. Ich werde mich beeilen und das Versäumte sofort nachholen."
   Relativieren: „Aber ich bleibe doch dafür abends stets länger!"
   Verniedlichen: „Das ist richtig, aber bei uns geht es doch um 9 Uhr erst richtig los."
   Übertreiben: „Sie können mir doch nicht einfach kündigen!"
3. *Anerkennung geben:* „Ich kann das eben noch nicht so gut wie Sie."
   Frage: „Liegt das an meiner Arbeitsweise oder haben Sie etwas gegen mich persönlich?"
   Übertreiben und Relativieren: „Wenn Sie mich nicht ständig beobachten würden, könnte ich auch besser arbeiten."
4. *Anerkennung geben:* „Was für ein Glück, dass Ihnen so etwas sofort auffällt!"
   Erweitern: „Ich fürchte, dass in dem ganzen Konzept noch einige Fehler sind, über die wir mal sprechen sollten."
   Relativieren: „Ja, aber ich denke, der grobe Aufbau stimmt."
   Verniedlichen: „Wenn wir das jetzt noch berücksichtigen, kriegen wir es aber noch hin."
   Übertreiben: „Meine Güte, war jetzt meine wochenlange Arbeit völlig umsonst?"

Der Umgang mit aggressiven Gesprächspartnern

Auf aggressive Äußerungen richtig zu reagieren, ist nicht immer leicht. Doch es gibt bewährte Strategien, wie man auch hier die Oberhand behalten kann.

Im Umgang mit aggressiven Gesprächspartnern muss man sich zunächst einmal kurz überlegen, welche Voraussetzungen und Folgen Aggressivität auf der psychologischen Ebene hat. Aggression ist zum Beispiel recht häufig eine Folge von Frustration. Daraus folgt zwangsläufig, dass ich durch meine Gesprächsführung die Frustration meines Gesprächspartners nicht noch vergrößern darf. Äußerungen wie

- „Das verstehst du sowieso nicht."
- „Wie kann man sich bloß so aufführen?"
- „Das habe ich dir doch hundertmal erklärt!"
- „Reg dich doch nicht so auf!"

sind zwar auf der Seite des Sprechers gefühlsmäßig begründet, bringen jedoch den Gesprächspartner nur noch mehr in Rage. Insbesondere die letzte Äußerung ist ja dazu angetan, selbst solche Gesprächspartner aus der Fassung zu bringen, die sich zuvor noch gar nicht sonderlich aufgeregt haben. Und je mehr sich der Gesprächspartner aufregt, desto mehr wird er ein Opfer seiner Instinkte. Das Stresshormon Adrenalin sorgt nämlich bei großer Aufregung dafür, dass tatsächlich weite Teile unseres Großhirns außer Kraft gesetzt werden.

Zur Erklärung dieser merkwürdigen Tatsache muss man sich vor Augen halten, dass unsere Instinkte nicht auf rhetorische Auseinandersetzungen angelegt sind, sondern ihre Herkunft und Berechtigung in den Urtagen der Menschheit haben. Und vor vielen Tausend Jahren hat man sich eben nicht „verbal geprügelt“, sondern man sah sich in der Regel einer echten körperlichen Bedrohung ausgesetzt. In einem gern von mir benutzten Beispiel sage ich: „Jetzt kommt der Bär aus dem Gebüsch!“ Mit eben jenem Bären kann ich mich aber nicht unterhalten. Es gab praktisch je nach Kräfteverhältnis nur die beiden Varianten Angriff oder Flucht. Für diese beiden Verhaltensmöglichkeiten sind aber unsere Instinkte und Reflexe viel schneller und effektiver als das vergleichsweise langsame Großhirn. In solchen Situationen der Urzeit „durfte“ man einfach nicht nachdenken.

Und Angriff oder Flucht sind auch die Verhaltensweisen, auf die alle Menschen bis zum heutigen Tag unter starkem Stress und insbesondere in aggressiven Situationen instinktiv ausgerichtet sind, mit der Konsequenz, dass wir heute unter großer Aufregung nicht nachdenken „können“. Wenn ich aber diesen instinktiven Erwartungen eines aggressiven Gesprächspartners entspreche, indem ich mich wehre (Angriff) oder frühzeitig klein beigebe (Flucht), sorge ich zugleich dafür, dass er in seinen instinktiven Erwartungen bestätigt wird und sich auch weiter davon leiten lässt. Dass sich manche Gesprächspartner ein wenig abregen, wenn ich nachgebe, ist ein schwacher Trost, denn auf der sachlichen Ebene habe ich dann schon so viel an Boden verloren, dass ich mir diese „Beruhigung“ unter Umständen teuer erkauft habe. Man darf also prinzipiell den instinktiven Erwartungen eines Gegners nicht entsprechen, und dies, ohne beleidigend zu werden und ohne nachzugeben.

So wurde ein Managementtrainer eines Tages in seinem Seminar angegriffen: „Sie haben doch überhaupt keine Ahnung. Sie waren doch noch nie in einer Führungsposition!“ Sein Konter: „In Düsseldorf ist ein Wegweiser, auf dem steht: ‚40 km nach Köln‘. Der Wegweiser war auch noch nie in Köln, und trotzdem hat er recht.“

Schlagfertige Konter bei Aggressionen
Ein erboster Zeitungsleser an den Philosophen und Mathematiker Bertrand Russell: „Was für ein Idiot Sie sind, kann man leicht beim Lesen Ihrer sogenannten Philosophie erkennen. Neulich las ich etwas in einer deutschsprachigen Schweizer Zeitung, was augenscheinlich Sie gesagt haben: ...“ (Es folgt ein Zitat.)
Antwort: „Mein Herr, Sie haben nicht bedacht, dass es noch eine andere Art von Idioten gibt. Jene Art nämlich, die glauben, was sie in Zeitungen lesen. Eine Behauptung wie die von Ihnen zitierte habe ich nie aufgestellt. Ihr sehr ergebener Bertrand Russell“

„Wenn ich Ihre Frau wäre“, sagte Lady Astor zu Churchill, „würde ich Gift in Ihren Kaffee tun.“ „Wenn ich Ihr Mann wäre, würde ich ihn trinken“, antwortete Churchill.

Was also sollte man in solchen Situationen tun? Die grundsätzliche Empfehlung lautet: *Verhalten Sie sich in Konfliktsituationen stets anders, als es Ihr Gesprächspartner (instinktiv) erwartet.* Was dies bedeuten kann, will ich überspitzt an folgendem Beispiel illustrieren. Stellen Sie sich vor, Sie gehen durch eine

dunkle Gasse, und plötzlich kommt ein Mann auf Sie zu und will Ihnen mit einem Schlagwerkzeug den Schädel einschlagen. Sie jedoch reagieren in dieser Situation völlig unerwartet mit der Frage: „Können Sie mir bitte sagen, wie spät es ist?“ Ich gebe zu, dass wir diesen Trick noch nicht ausgetestet haben, aber ich bin mir ziemlich sicher, dass Sie jetzt gute Chancen haben, entweder selbst mit Erfolg zuzuschlagen oder aber wegzulaufen. Diese Frage dürfte den Angreifer zumindest für ein, zwei Sekunden aus dem Konzept bringen, denn es gehört sich einfach nicht, dass mich jemand, den ich schlagen will, einfach nach der Uhrzeit fragt!
Ein (erprobtes) Beispiel kommt aus dem Alltag der Polizei, die ja häufig mit aggressiven Gesprächspartnern umgehen muss. Polizeibeamte beklagten sich bei mir, dass Aggressionen häufig schon aus nichtigem Anlass entstehen. Einer dieser Anlässe ist die allseits bekannte allgemeine Verkehrskontrolle. Solche Verkehrskontrollen ohne besonderen Anlass sind weder bei der Polizei noch bei den Autofahrern sehr beliebt. Für die Polizei ist das eine ungeliebte Routinetätigkeit und für die meisten Autofahrer – abhängig von dem jeweils grundsätzlich schlechten Gewissen – zumindest eine unliebsame Verzögerung. Es muss deshalb nicht wundern, dass so etwa jeder zehnte Autofahrer seinen Unmut mit Äußerungen kundtut wie: „Habt Ihr nichts Besseres zu tun? Ihr verschwendet hier unsere Steuergelder! Fangt doch lieber Terroristen!“ Wenn sich ein armer Polizeibeamter solche erquicklichen Mitteilungen das zehnte Mal am Tag angehört hat, hat sich bei ihm schon ein erhebliches Maß

an Frust aufgestaut. Es passiert also nicht selten, dass ihm dann beim elften Mal der Kragen platzt und es zu einer unliebsamen Eskalation kommt, an deren Ende bisweilen für den Autofahrer eine Anzeige und für den Beamten eine Dienstaufsichtsbeschwerde steht.

Als mich die Polizisten fragten, wie sie sich denn in solchen Situationen verhalten sollten, erinnerte ich mich an die schon geschilderten Tricks aus der schon zuvor behandelten Verkaufsrhetorik. Ich sagte: „Der Autofahrer gibt Ihnen schon zwei Themen vor. Fragen Sie ihn doch einfach, worüber er sich zuerst mit Ihnen unterhalten will: über die Steuerverschwendung oder das Terroristenproblem." Natürlich glaubte man mir diesen Trick nicht, und so empfahl ich, ihn einfach mal auszuprobieren. Wir guckten einen Polizeibeamten aus, von dem wir sicher sein durften, dass er bei der ganzen Maßnahme sowohl ernst als auch freundlich bleiben würde, und schickten ihn in die allgemeine Verkehrskontrolle. Es dauerte auch nicht lange, bis ein Autofahrer angehalten wurde, der bei dieser Gelegenheit genau diesen damals sehr beliebten Ausspruch machte. Daraufhin entgegnete der Beamte: „Nun gut, worüber wollen Sie zuerst mit mir diskutieren? Darüber, dass wir hier Steuergelder verschwenden, oder darüber, dass wir lieber Terroristen fangen sollen?" Der Autofahrer, der bis zu diesem Zeitpunkt mit hochrotem Kopf hinter seinem Lenker saß und offensichtlich stark erregt war, hatte offensichtlich mit allem gerechnet, nur

„Worüber wollen Sie zuerst mit mir diskutieren?"

nicht damit, dass sich jemand ernsthaft mit einer Frage auf seine Beschimpfung einlässt. Eine Frage übrigens, die der Alternativfrage aus der Verkaufsrhetorik entspricht, mit dem Unterschied allerdings, dass man hier nicht ernstlich erwartet, dass der Gesprächspartner eine der angebotenen Alternativen ergreift. Sprachlos saß er in seinem Wagen, während ihm die Kinnlade heruntersackte. Unser Polizist sagte nun ganz freundlich: „Darf ich jetzt bitte Ihre Fahrzeugpapiere sehen?“ Wie in Trance griff der Autofahrer in seine Jackentasche und reichte sie aus dem Fenster.

Natürlich muss man beim Gebrauch solcher Techniken ein großes Fingerspitzengefühl an den Tag legen. Schon ein leicht ironischer Unterton kann diesen Trick zum Scheitern bringen. Bei sehr aufgeweckten Gegnern riskiert man natürlich auch schon mal einen erfolgreichen Konter und bei sehr schlichten Gegnern auch schon einmal ein Scheitern, weil sie ihn einfach nicht verstehen und sich deshalb weiter aufregen. Der mögliche Schaden ist hier jedoch im Verhältnis zum wahrscheinlichen Nutzen recht klein, sodass ich persönlich solche Tricks nach wie vor empfehle. Das Problem dabei ist jedoch, dass man sich bei der Anwendung sehr stark in der Hand haben muss, und das ist natürlich schwierig, wenn man selbst nervös ist.

Allgemeine Tipps

Deshalb möchte ich jetzt einige allgemeinere Hinweise zur Beherrschung aggressiver Situationen geben. Der Einsatz von Fragen in Konfliktsituationen wird im folgenden Abschnitt über Kritikgespräche noch ausführlich besprochen.

1. Lautstärke Aggressive Personen sprechen meist recht laut. Man ist daher geneigt, sich im Tonfall und in der Lautstärke seinem Gesprächspartner anzugleichen, weil man sonst das Gefühl hat unterzugehen. Das Ergebnis ist jedoch in der Regel nur ein stetig steigender Lärmpegel, denn aggressive Personen hören ohnehin nur, was sie hören wollen. Bleiben Sie darum, zumindest äußerlich, ruhig und versuchen Sie bewusst leise zu sprechen. In einigen Situationen kann es sogar taktisch klug sein, so leise zu sprechen, dass der aufgeregte Gesprächspartner Sie akustisch gar nicht mehr versteht. Aus der daraus bei ihm erwachsenden Unsicherheit können Sie durchaus Kapital schlagen! Im günstigsten Falle resultiert daraus sogar die Frage: „Was hast du gerade gesagt?" Wenn Sie nun antworten, hört er wenigstens zu!

2. Körperhaltung und Gestik Wenn zwei Hunde sich anknurren, stehen sie sich immer frontal gegenüber. Bitten Sie darum den anderen, wenn möglich Platz zu nehmen und setzen Sie sich leicht über Eck. Vermeiden Sie Barrieren wie einseitig geschlossene Tische und unterschiedlich hohe Sitzgelegenheiten. Bieten Sie Ihrem Gesprächspartner etwas zu trinken an. Wenn er das verärgert zurückweist, ist das nicht schlimm, es

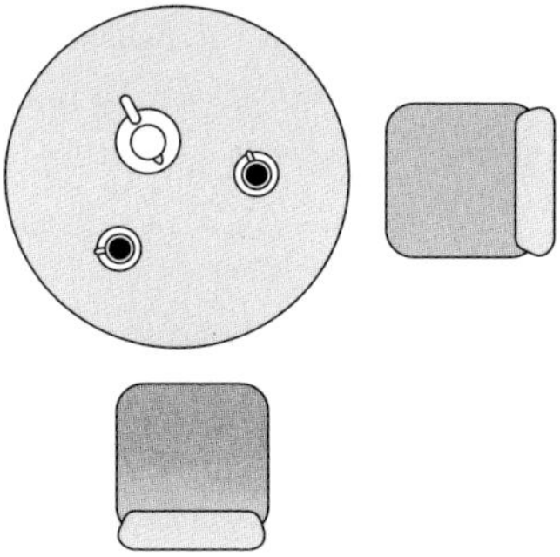

zählt vor allem die Geste (und zwar auf der schon besprochenen Instinktebene).

3. Zuhören Denken Sie an den ersten Abschnitt dieses Kapitels über aktives Zuhören! Sie müssen in einer aggressiven Situation nicht immer sofort reagieren! Lassen Sie den anderen sich erst einmal seinen Frust von der Seele reden. Ermuntern Sie ihn durch Mimik (Nicken und gelegentlichen Augenkontakt) und minimale Wortbeiträge wie „Mmh“ oder „Ja“, sich erst einmal Luft zu machen. Im weiteren Verlauf können Sie durch *Zurückspiegeln* mit Bemerkungen wie „Du meinst also, dass …“ oder „Du ärgerst dich vor allem über …“ versuchen, den aggressiven Monolog des anderen langsam in ein partnerorientiertes Gespräch zu verwandeln.

Wenn der Angriff als Frage vorgetragen wird

Schwierig wird der Umgang mit Aggression allerdings, wenn sie bereits in der rhetorisch oft sehr erfolgreichen Form einer Frage vorgetragen wird. In diesem Falle muss man zudem davon ausgehen, dass der Angreifer eher intellektuell als emotional aggressiv ist, also auf der eben erwähnten Instinktebene nicht mehr „auszuhebeln“ ist, was ihn natürlich viel gefährlicher macht.

- „Wie stellen Sie sich das denn vor?“
- „Sollen wir etwa …?“
- „Haben Sie das etwa nicht gelesen?“

Wenn derartige Fragen noch nicht die Qualität von „Killerphrasen" haben (siehe Abschnitt „Wenn der Gesprächspartner unfair wird und mich persönlich angreift"), können Sie den Befragten arg in Bedrängnis bringen. Insofern man ernsthaft erwägt, solche Fragen zu beantworten, wird man nicht um eine strategische Vorplanung herumkommen, man muss sich also rechtzeitig vor einer Äußerung überlegen, welche Fragen danach auf einen zukommen können. Ansonsten bietet sich immer noch die Möglichkeit

- der Interpretation der Frage („Verstehe ich Ihre Frage richtig, wenn …?")
- der Ja-aber-Taktik („Ihre Frage ist berechtigt, aber Sie sollten auch beachten, dass …")
- des Aufschiebens („Darf ich Ihre Frage noch für einen Moment zurückstellen?")
- der Gegenfrage („Wie meinen Sie das?")

Offenbart die Frage jedoch ein Informationsdefizit bei mir („Kennen Sie denn nicht die Untersuchung von …?"), ist es häufig ratsam, die Flucht nach vorne anzutreten, indem man (zumindest eingeschränkt) sein Defizit zugibt: „Leider nicht im Detail (oder: nur in groben Zügen), aber ich denke, Sie können uns kurz auf die Sprünge helfen!" Dies ist allemal besser, als so zu tun, als wüsste man genau Bescheid, um danach mit Glanz und Gloria unterzugehen.
Der größte Fehler ist allerdings, auf eine aggressive Frage zu antworten, ohne ihren Hintergrund begriffen zu haben.

Ein führender Politiker unseres Landes (der sich einmal sehr erfolglos als Kanzlerkandidat versucht hat) wurde eines Tages auf dem Weg in den Bundestag von dem Reporter eines großen Privatsenders mit folgender (unverschämter) Frage konfrontiert: „Herr X, wann treten Sie eigentlich zurück?" Mit hochrotem Kopf wandte sich der angegriffene Politiker zur Kamera und schimpfte: „Eine solche Frechheit hätte ich vom öffentlich-rechtlichen Fernsehen nicht erwartet!" Der Reporter sah nun seinerseits mit breitestem Grinsen in die Kamera und kommentierte den Ausbruch mit folgenden Worten: „Was ein Glück für uns, Herr X, dass wir nicht vom öffentlich-rechtlichen Fernsehen sind!"

Wie hätte denn nun ein erfolgreicher Konter jenes Politikers ausgesehen? Die Frechheit der Frage war ohnehin jedem Zuschauer klar und bedurfte keines verunglückten Kommentars mehr. In solchen Fällen ringt man sich am besten ein Lächeln ab und fragt zurück:

- *„Was schätzen Sie denn?" oder etwas ernsthafter:*
- *„Wie kommen Sie zu dieser Frage?" oder auch völlig nichtssagend:*
- *„Wo denken Sie denn hin?"*

Schlagfertige Konter auf aggressive Fragen

Frage: „Wissen Sie etwa nichts von der neuen Betriebsregelung?"

Interpretation: „Meinen Sie, ob ich davon weiß oder ob Sie sie mir schon zu lesen gegeben haben?"

Ja-aber-Technik: „Ja, ich kenne sie, aber sie tritt doch erst nächsten Monat in Kraft."

Aufschieben: „Ich finde, wir sollten erst einmal das aktuelle Problem besprechen."

Gegenfrage: „Warum fragen Sie?"

Frage: „Hast du überhaupt schon mal an meine Bedürfnisse gedacht?"

Interpretation: „Meinst du mit Bedürfnissen deine kostspieligen Eskapaden?"

Ja-aber-Technik: „Ja, aber gerade deswegen schlage ich dir diesen Urlaub vor."

Aufschieben: „Können wir das nicht zu Hause ausdiskutieren?"

Gegenfrage: „Was willst du damit sagen?"

Übung

Kontern Sie folgende Angriffe:

1. „Sie sind ein Kamel!"
2. „Sind Sie noch zu retten?"
3. „Das wird nicht ohne Folgen bleiben!"
4. „Gibt es eigentlich irgendetwas, was du kannst?"
5. „Was bist du bloß für ein Mensch?"
6. „Jetzt beeilen Sie sich doch endlich mal!"
7. „Ich bringe dich gleich auf Vordermann!"
8. „Du weißt aber auch rein gar nichts!"

Lösungsvorschläge

1. „Und Sie sind offenbar Zoologe oder irren wir uns beide?"

2. „Das will ich doch hoffen!“ Oder: „Ja, aber bitte nicht von Ihnen!“
3. „Warum drohen Sie mir?“
4. „Ja, Schlittschuh laufen, Rasen mähen, Zähne putzen ... und auf dumme Fragen antworten.“ Oder (braver): „Du hältst mich anscheinend für völlig unfähig, warum?“
5. „Meinst du etwa, ich sei ein Unmensch?“ Oder: „Ja, ich weiß, ich bin sehr skeptisch und unbequem, aber diesmal aus gutem Grund.“ Oder: „Ich denke, wir haben jetzt Wichtigeres zu tun, als über meine Person zu diskutieren.“ Oder: „Was willst du damit sagen?“
6. „Wollen Sie schnell bedient werden oder ordentlich?“
7. „Willst du dann den Hintermann spielen?“
8. „Ich weiß!“ (Konter mit einer Antinomie)

Wie führe ich ein Kritikgespräch?

Kritikgespräche gewinnt oder verliert man nicht. Ein Kritikgespräch ist vielmehr erfolgreich, wenn beim Kritisierten die beabsichtigte Verhaltensänderung eintritt. In diesem Abschnitt erfahren Sie, mit welchen Gesprächs- und insbesondere Fragetechniken dieses Ziel erreicht werden kann. Hier gilt: Wer fragt, der führt.

Wie einfach wäre doch der Umgang mit Kritik, wenn alle Kritisierten sich nach einem Satz aus Shakespeares „Viel Lärm um nichts“ verhalten würden: „Glücklich sind, die erfahren, was man an ihnen aussetzt, und sich danach bessern können." Aber selbst wenn eine Kritik sachbezogen und damit tatsächlich so abgefasst ist, dass sie den Empfänger klüger machen könnte, scheinen viele Kritisierte entweder wenig Neigung zur Annahme der Kritik zu haben, oder – was noch schlimmer ist – die Kritik wird akzeptiert, aber nicht befolgt. Ich möchte in diesem Abschnitt das Kritikgespräch vor allem aus der Perspektive Vorgesetzter – Mitarbeiter betrachten. Sie werden jedoch schnell feststellen, dass fast alle Ratschläge, die hier gegeben werden, auch auf ein Kritikgespräch in privatem Rahmen (etwa in der Erziehung) zu übertragen sind.

In den meisten Fällen gehorcht die Erledigung einer aufgetragenen Arbeit dem logischen Gesetz des ausgeschlossenen Dritten, das heißt, man macht seine Arbeit entweder richtig oder falsch, wobei natürlich das Ausmaß des Guten und Falschen viele Abstufungen annehmen kann (für Spitzfindige: Wir wollen an dieser Stelle den Fall, dass die Arbeit liegen gelassen wird, ebenfalls als *falsche* Erledigung betrachten). Wenn jedoch das Maß der richtigen oder falschen Arbeit eine bestimmte Grenze überschreitet, so ist es *in beiden Fällen* die Aufgabe einer Führungskraft, zu intervenieren, indem positive oder negative Kritik geübt wird. Nach meiner Erfahrung wird jedoch die positive Kritik häufig vergessen oder die Führungskräfte halten sich eher an die Maxime „Ich melde mich nur, wenn etwas nicht stimmt, ansonsten tut der Mitarbeiter lediglich seine Pflicht." Die negative Kritik wird hingegen oftmals zu spät und dann noch in der falschen Weise geäußert.

Die heiße Herdplatte und die Kritik

Wie lernt ein Kind, dass es nicht mit der Hand auf eine heiße Herdplatte fassen darf? Allem pädagogischen Optimismus zum Trotz gibt es dafür nach meiner Ansicht nur ein Mittel: einmal berühren!

Das Faszinierende an diesem Ereignis ist, dass es einen für das ganze Leben klug macht. Psychologisch erklärt sich dieser „Lernerfolg“ aus der annähernden Gleichzeitigkeit von Untat und Schmerz. Allgemein gesprochen: Je später eine gute Tat belohnt und eine schlechte Tat bestraft wird, desto geringer ist der Lernerfolg! Würde der Schmerz erst einen Tag nach dem Berühren der Platte auftreten, hätten wir wahrscheinlich nur noch Kinder mit verbrannten Händen.

Soll also eine Kritik zu einer Verhaltensänderung führen, so muss sie möglichst umgehend erfolgen. Eine effektive negative Kritik ist damit also so etwas wie ein „schlagfertiger Konter“ auf einen Fehler oder eine schlechte Leistung. Darum ist es natürlich doppelt wichtig, dass man in der gebotenen Eile nichts Falsches sagt!

In einer sprachlichen Auseinandersetzung, in der die beteiligten Parteien nicht nur rational, sondern auch emotional engagiert sind, haben gute Argumente häufig nur eine geringe Überzeugungskraft. Insbesondere wenn einer der beiden Gesprächspartner vom anderen kritisiert wird, birgt das dadurch entstehende „Reizklima“ einen guten Boden für alle Arten von absichtlichem bis unabsichtlichem Un- und Missverständnis.

Nicht mit Argumenten erschlagen

Nach meiner Erfahrung neigen vor allem gut ausgebildete Vorgesetzte dazu, eine sprachliche Auseinandersetzung vor allem argumentativ zu führen. Dies mag daran liegen, dass sie über jenen Ausbildungs- oder Qualifikationsstand verfügen, der es geradezu nahelegt, die eigene Meinung mit einer soliden Grundlage aus Fakten und logischen Schlussfolgerungen zu untermauern. So wird der Gesprächspartner in erster Linie durch die Wucht rationaler oder zumindest rational klingender Argumente an die Wand gedrückt. Speziell in einem „vernünftigen" Kritikgespräch wird dem Kritisierten damit auf unwiderlegbare Weise klargemacht, dass er Fehler begangen hat. Geschulte Vorgesetzte versäumen darüber hinaus auch nicht, die Art der Fehler darzustellen und auf das in Zukunft erwünschte Verhalten hinzuweisen. Trotz alledem beschweren sie sich dann in meinen Führungsseminaren, dass manche Mitarbeiter auf diese vernunftbetonte Form der Kritik zwar im günstigsten Falle zumindest während des Gesprächs so etwas wie Einsicht zeigen, dass aber insbesondere die erwünschte Verhaltensänderung ausbleibt.

Sind diese Mitarbeiter nun, wie gern behauptet wird, hoffnungslose Fälle oder wird hier vielleicht ganz einfach eine unpassende Art der sprachlichen Auseinandersetzung gewählt?

Versetzen wir uns einmal in die Lage des Kritisierten, so wird uns schnell klar, dass wir es hier, je nach Art und Schwere des Fehlverhaltens, aber auch nach der Persönlichkeit des Mitarbeiters, mit einem ganzen Bündel von negativen Emotionen zu tun haben. Selbst wenn die Kritik noch so sachlich vorgetragen wird, lässt es sich nicht vermeiden zum Ausdruck zu bringen, dass es zu jedem Fehler jemanden gibt, der ihn gemacht hat. Selbstverständlich wird der Hinweis *„Sie haben an dieser Stelle den und den Fehler gemacht"* eher akzeptiert als die personenbezogene Kritik *„Aus Ihnen wird nie ein brauchbarer Mitarbeiter"*, und dennoch scheinen selbst die besten Argumente in ihrer Wirkung mitunter nur so flüchtig zu sein wie ein schlechtes Parfüm. Woran liegt das?

Zum einen *weiß* der Mitarbeiter oder ganz allgemein der Kritisierte in vielen Fällen, dass er etwas falsch gemacht hat, und damit sagt ihm die Kritik ohnehin nichts Neues. Sie macht ihn somit nicht klüger, dafür aber abweisender, umso mehr, wenn er schon vor der Unterredung nichts Gutes erwartet. Zum anderen ist ein Kritikgespräch für den Kritisierten mit erheblichem Stress verbunden.

Kritik wird oft als Angriff empfunden und erzeugt Abwehr.

Im vorangegangenen Abschnitt haben wir jedoch eines sehr deutlich herausgearbeitet: Je stärker die Stressreaktion ausfällt, desto mehr gewinnen Instinkte anstelle des Verstandes die Oberhand, und diese Instinkte reagieren nicht auf das vorgebrachte *Argument*, sondern auf den empfundenen *Angriff*. Die instinktive Reaktion auf einen Angriff ist aber stets entweder die Verteidigung oder aber die Flucht bzw. Unterwerfung. Die sprachlichen Äquivalente dafür sind Ausflüchte, Be- und Entschuldigungen, bisweilen sogar

Beleidigungen oder umgekehrt der Vorwurf, beleidigt worden zu sein.

Damit aber erweist sich die Mühe, die bei einem Kritikgespräch in eine einwandfreie Argumentation gesteckt wird, schlicht als Fehlinvestition. Bleibt also nur die Resignation vor der Unbelehrbarkeit mancher Mitmenschen? Ganz sicher nicht, denn wir verfügen über ein sprachliches Mittel, das viel einfacher zu beherrschen ist als eine schwierige Argumentation und das mühelos selbst starke Barrieren in der mitmenschlichen Kommunikation durchdringt: Dies ist das Mittel einer guten und echten Frage.

Wer fragt, der führt

Eine Frage zwingt den Befragten zu einer Auseinandersetzung mit dem Thema und sie erwartet als Reaktion weder ein vorzeitiges Schuldeingeständnis noch eine Abwehr. Während selbst gut begründete Vorwürfe dem anderen kaum eine andere Wahl lassen, als diese entweder zu akzeptieren (und sich damit zu unterwerfen) oder aber abzulehnen, indem Entschuldigungen oder Gegenargumente angeführt werden, fordert eine Frage eine Begründung oder Erklärung für das Geschehene. Gegen eine Frage wird man sich also schon allein deshalb schlechter zur Wehr setzen, weil man sich gegen sie zunächst einmal nicht wehren muss und letztendlich auch nur schlecht wehren kann.

Wer mir zum Beispiel auf meine guten Argumente aus rein gefühlsmäßigen Gründen nicht recht geben mag, weil ihm irgendetwas an meiner Person oder meinem Verhalten nicht gefällt, dessen Verstand wird schon Mittel und Wege finden, mir seine Ablehnung im Gewande einer durch und durch rational erscheinenden Argumentation darzulegen. Aus diesem Grunde sind so manche intellektuell und rational wirkenden Auseinandersetzungen reines akademisches Wortgeklingel, hinter dem so profane Eigenarten wie Neid, Gunst und Missgunst, Selbstbehauptung, verdeckte Minderwertigkeits- oder auch Schuldgefühle ihr üppiges Eigenleben führen. Nur der beharrlich und vorsichtig Fragende wird diese „Argumentationsbegleiter" offenlegen und so vielleicht sogar seinem Gesprächspartner vor Augen führen können, denn die wahren Gründe des eigenen Tuns sind nicht jedem allein deshalb bewusst, weil er scheinbar vernünftig argumentiert. Geeignet sind dafür vor allem offene Fragen, die dem anderen Gelegenheit zur Darstellung des Sachverhaltes bieten. So können sukzessive und zugleich offene Fragen wie

- „Was ist hier geschehen?"
- „Wer war zu diesem Zeitpunkt hier?"
- „Wo waren Sie zu diesem Zeitpunkt?"
- „Was haben Sie dort gemacht?"
- „Warum haben Sie sich so verhalten?"
- „Wie können wir das in Zukunft vermeiden?"

durchaus einen erheblichen Druck ausüben, ohne indessen zu jener verhängnisvollen Reaktion zu führen, die eingetreten wäre, wenn die Gesprächseröffnung gelautet hätte:

- „Sie übersehen immer wieder, dass Sie in dieser Situation …!" oder
- „Habe ich Ihnen nicht schon hundertmal gesagt …?"

Offene Fragen als schlagfertiger Konter

Mit offenen Fragen lassen sich Einwände und Vorwürfe nicht nur gut formulieren, man kann sie auch ebenso gut verwenden, um Einwände und Vorwürfe schlagfertig zu kontern. Insbesondere wenn die Vorwürfe nicht so sachlich sind, wie man es sich erwünscht, haben offene Fragen den Vorteil, dass man nicht der Versuchung verfällt, ebenfalls unsachlich zu reagieren.

Vorwurf: „Du bist ein Armleuchter." Frage: „Warum beleidigst du mich?"

Vorwurf: „Ihr Vorgänger hat das immer anders gemacht." Frage: „Wieso ist mein Vorgehen deshalb falsch?"

Vorwurf: „Ich verstehe einfach nicht, wie Sie das tun konnten." Frage: „Was stört Sie denn daran? Vielleicht kann ich es Ihnen erklären?"

Obwohl man also auch (oder erst recht) mit Fragen einen beträchtlichen Druck erzeugen kann, ist es nicht immer psychologisch klug oder angebracht, dies auch zu tun. Das hängt sicherlich davon ab, wie empfindlich mein Gesprächspartner ist und was für ein Ziel ich mit dem Gespräch verfolge.

Was will ich erreichen?

So kann ein Vorgesetzter ein Kritikgespräch mit seinem Mitarbeiter mit der Frage einleiten: „Sagen Sie mal, Herr M., wie beurteilen Sie eigentlich Ihre in der letzten Zeit gezeigte

Leistung?" Obwohl es sich hier im Prinzip um eine offene Frage handelt, dürfte es den meisten Mitarbeitern klar sein, dass auf eine solche Eröffnung am Ende der Partie nur das „Schachmatt" stehen kann. An dieser Stelle muss ich mir als Führungskraft über mein Gesprächsziel im Klaren sein:

a) Dient das Kritikgespräch vorrangig dazu, meinem Ärger Ausdruck zu verleihen?
b) Soll das Kritikgespräch mit einem Zugeständnis des Kritisierten enden?
c) Soll das Kritikgespräch zu einer zukünftigen Verhaltensänderung des Kritisierten führen?

Zweifellos entspricht Version c) einer rein pragmatischen Zielvorgabe, das heißt, hier steht die Beseitigung eines Fehlers oder eines Fehlverhaltens im Vordergrund, ohne dass die Person des Kritisierten dabei mehr als unbedingt nötig ins Spiel gebracht wird. Wer sich für Version a) entscheidet, dem muss klar sein, dass damit auf der Seite des Kritisierten lediglich negative Gefühle produziert werden. Bezögen sich diese unangenehmen Gefühle auf den kritisierten Tatbestand, könnte man Ziel c) vielleicht dennoch erreichen, zumeist werden die auftretenden Negativgefühle jedoch nur der Person des Kritikers entgegengebracht (Nach dem Motto: „Der Chef hat heute mal wieder schlechte Laune"). Wer sich für Version b) entscheidet, geht letztlich nicht weit genug, denn was nützt mir ein Zugeständnis des Kritisierten, wenn diesem keine konkreten Taten folgen (Nach dem Motto: „Wer dem anderen recht gibt, behält seine Ruhe")?

Die entscheidende Frage ist, ob Ziel c) nicht sogar ohne b) erreicht werden kann, ob es also wirklich notwendig und zweckdienlich ist, den anderen zu einer Geste der Unterwerfung zu zwingen, um ihn in Zukunft zum Beispiel zur Verbesserung seiner Leistungen zu motivieren?
Leider beobachte ich häufig, dass der Gesprächs- und damit auch der Führungsstil in vielen Unternehmen und Behörden derart gestört ist, dass man mit einer offenen Einleitung nicht mehr zum Zuge kommt. Wo die von außen auf das Unternehmen einwirkenden Forderungen ungehemmt und vor allem unerläutert als blanke Leistungsanforderungen an die Mitarbeiter weitergegeben werden, entwickeln sich mitunter Verhaltensweisen, die dem Überlebenskampf unserer steinzeitlichen Urvorfahren angemessen wären. Dies gilt insbesondere für das brisante Zusammenspiel von Angst und Aggressivität. Wer also ein Kritikgespräch mit der Frage beginnt: „Na, Herr M., wie kommen Sie denn mit Ihrer Arbeit zurecht?", hat aufgrund der (gestörten) Beziehung zwischen Mitarbeiter und Vorgesetztem oft keine Aussicht auf eine ehrliche Antwort. Eine häufige Antwort lautet in diesem Fall wahrscheinlich: „Gut, wieso?" Die unsichere Rückfrage signalisiert aber bereits die Störung auf der Beziehungsebene und damit ein ganzes Paket von negativen Erwartungen, die eine Auseinandersetzung zur Sache erschweren werden. Bisweilen wird einem darum gar nichts anderes übrig bleiben, als die Vorgaben nun doch bereits bei der Gesprächseröffnung festzulegen und dann mit einer Art Angebot zur Fragetechnik zu wechseln: „Herr

M., mir ist aufgefallen, dass Ihnen Ihre Arbeit in letzter Zeit nicht mehr so leicht von der Hand zu gehen scheint wie früher. Sie haben zum Beispiel für den Vorgang A zwei volle Tage gebraucht, und als Sie ihn schließlich abgeschlossen haben, war er voller Fehler. Solche Dinge sind Ihnen in den letzten Wochen öfter passiert. Haben Sie irgendwelche Probleme mit Ihrer Arbeit?“ Lautet die Antwort „Ja“, so ist man im Gespräch und darf sich nun gemeinsam um eine Lösung bemühen. Lautet die Antwort „Nein“, so kann man dem eigenen Anliegen durch weitere Fragen im Sinne des „Warum nicht“ weiterhelfen.
Selbstverständlich muss derjenige, der dieses Gespräch „führt“, bereit sein, auch den eigenen Kritikstandpunkt im gegebenen Falle zu revidieren oder zumindest anzupassen, doch dies sollte für jede Art von Kritik selbstverständlich sein.

Die Person des Kritisierten akzeptieren

Obwohl die Einleitung in ein Kritikgespräch also eher einem Argument ähnelt, indem sie ohne große Umwege zur Sache kommt und zunächst einmal Fakten vorstellt, ist die fragende Gesprächstechnik spätestens an der Stelle angebracht, an der der Mitarbeiter Stellung nimmt, indem er sich verteidigt, vielleicht auch aggressiv wird, zumindest aber in eine Abwehrhaltung geht. Eine solche Abwehrhaltung ist ganz natürlich und sollte von jedem Vorgesetzten akzeptiert werden, denn schließlich wird niemand gern negativ kritisiert. Eine wohlmeinende Fragetechnik kann hier sogar die Funktion der Frustrationsbehandlung übernehmen, der Vorgesetzte nimmt also eine akzeptierende Haltung zur *Person* des Mitarbeiters ein, auch wenn ihm dessen augenblickliches *Verhalten* als dumme Ausrede erscheint. An dieser Stelle ist es sehr hilfreich, sich einmal gefühlsmäßig in die Position des Kritisierten zu versetzen.

Versetzen Sie sich in die Position des Kritisierten.

Sind die Verstöße schwerwiegender, wird aus der einfachen Kritik schnell eine Anschuldigung, und so erwartet man von dem Kritisierten möglicherweise gar eine Entschuldigung. So berechtigt diese Erwartung in manchen Fällen sein mag, so sollte sie sich aber nicht zu einer Forderung versteigen, denn so verkommt die erhoffte Einsicht schnell zu einer bloßen Geste der Unterwerfung. Aus der Klärung der Schuldfrage erwächst also nicht zwangsläufig die Lösung des Problems, die Beschäftigung mit ihr behindert diese Lösung bisweilen sogar. Wenn Sie mir das nicht glauben, schauen Sie sich einmal unsere Politik an, wo bei Fehlern regelmäßig nach dem Schuldigen gesucht wird, ohne dass man dabei auch nur einen Schritt weiterkommt. Erst die Einsicht in das richtige oder zumindest bessere Verhalten bringt uns diesen Schritt weiter.

Werden jetzt, eben um jene Einsicht zu fördern, die Ursachen und Konsequenzen des Fehlverhaltens erörtert, so muss sich der Vorgesetzte in die Rolle des guten Fragers begeben, dessen Interesse die Diagnose und Korrektur des Fehlers ist, nicht aber die Niederlage des Kritisierten.

Partnerorientierte Fragen

Die meisten Fragen in einem Kritikgespräch sollten partnerorientiert sein, sie sollten ihm also Gelegenheit geben, sich auch mit seinen Wünschen und Bedürfnissen auseinanderzusetzen. Wenn ich einen Mitarbeiter darauf hinweisen muss, dass er sicherheitsrelevante Bestimmungen verletzt hat, so muss ich ihn durch geeignete Fragen zu der Einsicht führen, dass es *seine* Sicherheit ist, um die es hier geht, und darum muss ich zunächst einmal erfragen, ob ihm diese Sicherheit um seiner selbst oder zumindest seiner Familie willen überhaupt wichtig ist. Man darf dabei ruhig vorgehen wie ein Verkäufer in einem Verkaufsgespräch, der zunächst einmal die Bedürfnisse des Kunden erfragt, um danach genau das Produkt anzubieten, das diese Bedürfnisse befriedigt. Die Eingangsfrage kann also in direkter oder versteckter Form lauten: „Wie viel liegt Ihnen eigentlich an Ihrer Gesundheit?" (oder an einem bestimmten durch die Arbeit gefährdeten Körperteil). Die nächste Frage wäre dann etwa: „Wissen Sie auch, was hierbei geschehen kann bzw. schon geschehen ist?" Das Gespräch sollte also durch geeignete Fragen so aufgebaut werden, dass das angestrebte Verhalten nichts anderes ist, als das, was sich der Mitarbeiter selber wünschen kann. Wer sich jedoch als Vorgesetzter nicht im Griff hat und eine solche Eröffnung stets mit einem leicht ironischen oder oberlehrerhaften Unterton vorträgt, der beginne besser direkt mit der zweiten Frage bzw. mit einer Eröffnung wie: „Ich beobachte gerade Ihre Arbeitsweise. Ist das nicht riskant?" Optimal wäre es gera-

dezu, wenn der Mitarbeiter durch geeignete Fragen dazu gebracht wird, sein Fehlverhalten selbst zu diagnostizieren, denn bekanntlich ist ja die eigene Überzeugung die einzige, der man wirklich folgt.
Ist die Situation hingegen so, dass der Mitarbeiter das erhöhte Risiko leichtfertig durchaus auf sich nehmen würde, letztlich jedoch der Vorgesetzte die Konsequenzen für einen Unfall zu tragen hätte, so muss diese emotionale Not des Vorgesetzten eben in das Gespräch einfließen. Damit werden weitergehende Maßnahmen (auch disziplinarischer Art) für den Mitarbeiter leichter nachvollziehbar, als wenn man ihm lediglich ein paar Paragrafen oder Vorschriften an den Kopf geworfen hätte. Was glauben Sie, welche der beiden folgenden Einlassungen Sie eher geneigt machen würde, die Vorschriften auch dann einzuhalten, *wenn der Vorgesetzte außer Sichtweite ist?*

a) „Ich verstehe ja, dass Sie diesen Helm nicht gern tragen, aber Sie müssen begreifen, dass ich das nicht dulden kann, weil Sie damit unsere Vorschriften verletzen und weil Sie mich durch Ihr Verhalten in Schwierigkeiten bringen. Wenn Sie hier vorschriftswidrig ohne Helm arbeiten, wollen die Kollegen drüben am Block C ebenfalls keine Helme tragen, und Sie wissen ja, was da in der Vergangenheit schon passiert ist und welchen Ärger ich damals hatte."
b) „Wissen Sie, dass Sie hiermit § 2 Abs. 2 unserer Unfallverhütungsverordnung verletzt haben, und welche rechtlichen Konsequenzen das für Sie haben kann?"

Das bedeutet freilich nicht, dass man den rechtlichen Aspekt in solchen Gesprächen außen vor lassen soll, doch sollte man sich ehrlich überlegen, wann er auch psychologisch überzeugend ist. So ist im ersten Fall das Befolgen der Vorschrift nicht nur ein rechtliches, sondern zugleich ein persönliches Anliegen, welches dem Mitarbeiter darüber hinaus auch begründet wird.

Fragen, die keine sind

Wer sich nun entscheidet, konfliktbeladene Situationen zukünftig mithilfe von geeigneten Fragen zu bewältigen, sollte darauf achten, dass diese Fragen von ihrer Wirkung auf den Zuhörer her auch wirklich *echte* Fragen sind. So gibt es Fragen, die zwar von ihrer Syntax (also von ihrem Aufbau) her und durch die Verwendung des Fragezeichens als Frage zu erkennen sind, sich bei näherer Betrachtung jedoch als Aussage mit zweifelhafter Bedeutung entpuppen. So ist die bei Konflikten häufig gebrauchte Formulierung „Was hast du eigentlich gegen mich?“ oft nur von der Form her eine Frage, in Wirklichkeit verbergen sich dahinter zwei Feststellungen und eine Forderung:

1. Feststellung: „Ich weiß, dass du etwas gegen mich hast.“
2. Feststellung: „Was du da glaubst, ist falsch.“

Forderung: „Jetzt ändere gefälligst deine Ansicht!“

Es wundert nun nicht mehr, wenn die Antwort auf einen solchen Vorstoß nur (sehr unfreundlich) lautet:

„Wie kommst du darauf, dass ich etwas gegen dich habe?“

Ähnlich verhält es sich mit folgenden Fragen, die nicht auf eine Antwort abzielen, sondern lediglich einen Vorwurf oder eine Herabsetzung ausdrücken:
„Wie oft muss ich dir noch sagen, dass ...?"
„Wann wirst du endlich Vernunft annehmen?"
Von Vorgesetzten werden unechte Fragen bisweilen auch eingesetzt, um damit eine Anordnung zu kaschieren, etwa:
„Könnten Sie das nicht schnell für mich erledigen?"
„Möchten Sie das nicht schnell bei Herrn X abholen?"
Würde der Mitarbeiter hier mit einem klaren „Nein" antworten, hätte das sicherlich interessante Folgen für die Beziehung zum Vorgesetzten.
Aber auch wenn man mit echten Fragen arbeitet, kann man deren gute Wirkung verschenken, wenn man folgende Fehler macht:

1. Man stellt die Frage und beantwortet sie umgehend selbst, etwa: „Wie konnte Ihnen dieser Fehler unterlaufen? Sie haben wahrscheinlich nicht daran gedacht, dass ..." Damit ist der Befragte nicht mehr in der Pflicht, eine Antwort zu geben, im schlimmsten Falle ist er noch nicht einmal in der Pflicht, sich überhaupt zu äußern.
2. Man stellt mehrere Fragen hintereinander, etwa: „Warum haben Sie diese Maschine so spät abgestellt? Haben Sie denn nicht bemerkt, dass der Ölstand zu niedrig war?" Der Befragte hat nun die freie Auswahl, auf welche Frage er antworten soll, im schlimmsten Falle bekommt er mit der zweiten Frage sogar die Ausrede präsentiert.

Übung

Folgende kleine Übung soll Ihnen noch einmal den Unterschied zwischen einer persönlichen und einer sachlichen Kritik vor Augen führen. Vielleicht entdecken Sie dabei, dass diese Unterscheidung keinesfalls so selbstverständlich und einfach ist, wie Sie vielleicht gedacht haben. Dazu ein kleiner Hinweis: Eine Kritik zur Sache oder zur Leistung transportiert immer eine Information, das heißt, sie macht den Kritisierten ein wenig klüger. Er weiß danach, was für ein Verhalten von ihm in Zukunft erwartet wird. Wenn ich jemanden beispielsweise einfach nur als „unfähig" bezeichne, ist das für ihn wenig hilfreich, selbst (und erst recht) wenn es stimmt.

Analysieren Sie bitte die folgenden Aussagen danach, ob Sie eher die Person oder die Leistung kritisieren:

	Person	Leistung
1. „Bei Ihrer Einstellung zur Arbeit habe ich nichts Besseres erwartet ..."		
2. „Sie verstehen auch rein gar nichts. So jedenfalls geht es nicht weiter!"		
3. „Der Fehler ist aufgetreten, weil Sie diese Maschine zwei Minuten zu früh abgeschaltet haben."		
4. „Wenn Sie sich ein bisschen mehr anstrengen würden, könnte aus Ihnen vielleicht doch ein brauchbarer Mitarbeiter werden."		
5. „Sie Trottel, können Sie sich nicht wie ein vernünftiger Mensch benehmen?!"		

	Person	Leistung
6. „Die Abstimmung zwischen diesen Teilen weist noch zu großen Spielraum auf. Sie sollten das besser so machen."		
7. „Ich gebe es auf. Sie lernen es wohl nie!"		
8. „Sie sind einfach zu ungeschickt."		
9. „Sie hätten den Ölstand besser bei betriebswarmem und stehendem Motor prüfen sollen."		
10. „Dieser Fehler geht eindeutig auf Ihre Schlamperei zurück!"		
11. „Sie haben in diesem Fall folgende Gesichtspunkte übersehen."		

Lösung

1. Zielt zweifellos auf die Person des Kritisierten.
2. Teilt dem Kritisierten zu wenig darüber mit, wie es denn nun geht. Da diese Kritik den Kritisierten nicht klüger macht, kann er sie nur persönlich nehmen.
3. Bezieht sich auf die Leistung bzw. den aufgetretenen Fehler und teilt zugleich mit, wie dieser in Zukunft zu vermeiden ist.
4. Kann mit dem Nachsatz „doch noch ein brauchbarer Mitarbeiter" nur persönlich genommen werden. Aber auch der erste Halbsatz mit „ein bisschen mehr anstrengen" ist als Kritik zur Leistung ungeeignet. Generationen hilfloser Eltern haben einen solchen Hinweis vonseiten des Lehrers in Bezug auf die schulischen Leistungen ihrer Kinder

verdauen müssen, und die wenigsten wussten danach, was sie konkret zu tun hatten. Ein angestrengtes Gesicht machen? Den Kindern Nachtisch oder Fernsehen verbieten? Hätte der Lehrer gesagt „Fragen Sie Ihr Kind jeden Tag eine halbe Stunde lang Englischvokabeln ab“, wäre die Sache klar gewesen. Aber so versinkt die Kritik im Schwammigen.

5. Zielt auf geradezu beleidigende Weise auf die Person des Kritisierten.
6. Kann man mit viel Empfindlichkeit zwar auch persönlich nehmen, zielt aber auf die Verbesserung der Leistung und teilt auch mit, wie diese zu erbringen ist.
7. Ist eine persönliche Kritik nach dem Motto „hoffnungsloser Fall“!
8. Teilt dem Kritisierten nicht mit, wie er diesen Zustand ändern kann. Es bleibt ihm also nichts anderes übrig, als diese Kritik nach dem Motto „Sie haben zehn Daumen“ persönlich zu nehmen.
9. Sagt ganz klar, wie eine Verbesserung in der Sache möglich ist.
10. „Diesen Fehler“ mag man ja noch auf die Sache beziehen, spätestens bei „Schlamperei“ wird der so Angesprochene die Kritik jedoch persönlich nehmen. Dabei spielt es übrigens keine Rolle, ob diese Bezeichnung sachlich gerechtfertigt ist oder nicht. Versetzen Sie sich einfach mal in die Rolle des Kritisierten, das ist immer hilfreich!

11. Ist sachlich. Die „Gesichtspunkte“ mögen zwar Ansichtssache sein, man kann aber sachlich darüber sprechen. Natürlich müssen die fraglichen Punkte jetzt genannt werden!

Übung zu offenen Fragen

Versuchen Sie bitte folgende Kritiken in Form offener Fragen zu formulieren:

1. „Sie haben schon wieder übersehen, dass wir hier anders vorgehen!“
2. „Sie verstoßen gegen unsere Vorschriften, wenn Sie Ihre Sicherheitsschuhe nicht tragen!“
3. „Sie wissen genau, dass die roten Ordner ins zweite Regal gehören!“
4. „Schließen Sie bitte grundsätzlich die Tür, wenn Sie den Raum verlassen!“
5. „Sie haben gefälligst pünktlich zur Arbeit zu erscheinen!“

Lösungsvorschläge

1. „Warum gehen Sie anders vor, als es bei uns üblich ist?“
2. „Wissen Sie, welche Folgen das hat, wenn Sie Ihre Sicherheitsschuhe nicht tragen?“
3. „Wohin gehören eigentlich die roten Ordner?“
4. „Warum lassen Sie manchmal die Tür auf, wenn Sie den Raum verlassen?“
5. „Warum kommen Sie erst jetzt zur Arbeit?“

Wenn der Gesprächspartner anderer Ansicht ist

Definitionen haben ihre Tücken: Sie schaffen Klarheit, sind aber oftmals willkürlich. In diesem Abschnitt erfahren Sie, welche Kriterien eine Definition erfüllen muss und wie man damit umgehen kann, wenn der Gesprächspartner eine davon abweichende Vorstellung hat.

In der Rhetorik dienen Definitionen vor allem der Klärung von Begriffen. Das, was definiert und geklärt werden soll, bezeichnet man als *Definiendum*, das, wodurch Ersteres definiert wird, als *Definiens*. Wird zum Beispiel ein Proton als „positiv geladener Teil eines Wasserstoffatoms" definiert, so ist „Proton" das Definiendum und „positiv geladener Teil eines Wasserstoffatoms" das Definiens. Beim Aufstellen von Definitionen ist darauf zu achten,

- dass alle wesentlichen Punkte (Begriffe, Gegenstände) bedacht, aber nicht zu viele Definitionen gegeben werden. Letzteres bezeichnet man als Pleonasmus (Beispiele: der kleine Zwerg, der weiße Schimmel). In der akademischen Literatur ist dies eine typische Unsitte, der Leser ertrinkt geradezu in der Vielfalt der unterschiedlichen Ansichten.
- dass alle Definitionen untereinander widerspruchsfrei sind und kein Circulus vitiosus (Zirkelschluss) vorliegt wie zum Beispiel in „Ein Kreis ist ein kreisförmiges Gebilde."

Eine (Begriffs-)Definition ist immer befriedigend, wenn sie in allen Situationen stellvertretend für den definierten

Begriff eingesetzt werden kann, wenn also Definiendum und Definiens sich gegenseitig ersetzen können. Man hat dabei die Möglichkeit, das Besondere im Allgemeinen zu betonen („Der Mensch ist ein Tier, welches spricht"), einen Gegenstand durch seinen Gebrauch zu bestimmen („Ein Hammer ist etwas, um Nägel in die Wand zu schlagen") oder rein theoretisch zu bleiben („Eine Gerade ist die kürzeste Verbindung zwischen zwei Punkten").
Ein Verstoß gegen die oben genannten Forderungen kann die gesamten Bemühungen aller Beteiligten in einer Diskussion oder anderen sprachlichen Auseinandersetzungen von vornherein zum Scheitern verurteilen. So mussten sich Theologen, die den Begriff der Allmacht nicht auf Widerspruchsfreiheit untersucht hatten, von einem Logiker folgende spitzfindige Bemerkung gefallen lassen: „Wenn Gott allmächtig wäre, dann könnte er einen Stein schaffen, der zu schwer wäre, als dass er ihn heben könnte." Was daraus für den Begriff der Allmacht folgt, mag ein jeder für sich überlegen. Jedem gläubigen Christen, Juden oder Moslem möchte ich aber versichern, dass Gott darauf sicherlich einen schlagfertigen Konter hat, sofern er denn die Lust verspürt, für das einzustehen, was ihm die Theologen verschiedener Religionen eingebrockt haben.

Der Circulus vitiosus (Zirkelschluss)

Ein Beispiel dafür, wie ein Circulus vitiosus selbst großartige und anerkannte Theorien zu einer Ansammlung leerer Sätze abwerten kann, gibt eine gängige Darstellung der darwinschen Abstammungslehre. Diese gründet im Wesentlichen auf zwei Säulen, der zufälligen Mutation auf der einen und der Selektion auf der anderen Seite. Lassen wir die Tücken des Begriffs Zufall einmal außer Acht und konzentrieren uns auf den anderen Begriff, den der Selektion. In einer üblichen Darstellung bedeutet er das Überleben des Stärksten oder Bestangepassten. Will man hier nicht metaphysisch werden, wird man auch diese Begriffe weiterhin so zu definieren haben, dass man ihnen eine empirische, also aus der Erfahrung begründete Bedeutung geben kann. Das empirisch verlässlichste Indiz für Stärke oder Angepasstheit ist zweifellos die Tatsache des Gewinnens, letztlich also des Überlebens. Unversehens hat man sich jetzt jedoch in dem Teufelskreis der Bedeutungslosigkeit gefangen: Selektion bedeutet das Überleben des Stärksten, der Stärkste ist jedoch derjenige, der überlebt. Mit anderen Worten behauptet Darwins Lehre in dieser Darstellung, dass derjenige überlebt, der überlebt.

Man sieht also, dass man in den Anforderungen an Definitionen eine gewisse Strenge walten lassen muss, um im weiteren Verlauf einer Diskussion nicht in allzu nichtssagende Auseinandersetzungen verstrickt zu werden.

Auf der anderen Seite: Wer eben jene Klarheit, die ich hier im Auge habe, vermeiden will, wer sich später mit der Bemerkung „Das habe ich so nicht gemeint“ aus der Diskussion und der Verantwortung stehlen will, der darf sich zu Beginn natürlich nicht zu eindeutigen Klarstellungen und Definitionen hinreißen lassen.

Was, wenn der Gesprächspartner die Dinge anders sieht?

Was jedoch ist zu tun, wenn eine aufgestellte, festsetzende Definition auf Widerspruch stößt? Da festsetzende Definitionen im Gegensatz zu feststellenden, lexikalischen Definitionen (die man nachschlagen kann) keinen Anspruch auf Wahrheit oder Wirklichkeitsgeltung haben, ist ihre Aufstellung willkürlich und damit nicht für alle Anwesenden verpflichtend. Hier einige Beispiele:

- „Unter einem schadstoffarmen Auto verstehe ich …"
- „Eine verkehrsberuhigte Zone erfüllt für mich folgende Voraussetzungen …"
- „Ein faires Spiel ist für uns ein Spiel, das …"

Es kann sich also durchaus jemand zu Wort melden mit der Bemerkung: „Hören Sie, darunter verstehe ich aber etwas ganz anderes!"

Aufgrund des fehlenden Wahrheitswertes dieser Definitionen ist der Wert einer vernünftigen Diskussion in solchen Fällen oft zweifelhaft, man greift deshalb zur Rhetorik, indem man etwa

1. das Gemeinsame in der eigenen Definition und dem Einwand entdeckt – zum Beispiel: „Sie haben es jetzt etwas anders ausgedrückt. Im Grunde meinen Sie ja das Gleiche wie ich";
2. aus beiden Definitionen eine macht – zum Beispiel: „Das ist eine etwas andere Sichtweise, aber das können wir ja als zusätzliche Forderung übernehmen";

3. die Definition des anderen zwar annimmt, aber nicht verwertet – zum Beispiel: „Gut, dass Sie das sagen, Herr Kollege. Von dieser Warte aus habe ich das noch nicht betrachtet. Da könnten Sie durchaus recht haben." Sodann machen Sie weiter, als hätte Ihr Kollege nichts gesagt. Aus der Tatsache, dass Sie seine Auffassung bejaht haben, folgt noch lange nicht die Verpflichtung, sie auch angemessen zu berücksichtigen! Die Entfernung zu einer sachlichen Auseinandersetzung wird allerdings geradezu bedenklich, wenn man diese Taktik in die Form einer Suggestivfrage kleidet, von der Art: „Gut, dass Sie das erwähnen, aber Sie sind doch wahrscheinlich auch der Ansicht …?"

Schlagfertig kontern mit Definitionen

Die meisten Alltagsbegriffe sind in vielerlei Hinsicht deutungsfähig. So sehr das bisweilen die Eindeutigkeit der Kommunikation belastet, so einfach kann man sich diesen Umstand aber auch zunutze machen, um beispielsweise aus einem Vorwurf das Beste für sich herauszuholen.

Vorwurf	Konter mit Definition
„Sie haben ein Geschäftsgebaren wie ein Hai!"	„Wenn Sie damit meinen, dass ich auch mal gegen den Strom schwimme, dann haben Sie damit ganz bestimmt recht."
„Wir benehmen uns wie kleine Kinder!"	„Richtig, genauso unvoreingenommen und vorurteilslos."

Wenn Sie es allerdings darauf anlegen, können Sie auf diese Weise auch aus einem Lob eine Beschimpfung machen.

Lob	Konter mit Definition
„Sie sind flink wie ein Wiesel!“	„Ich verbitte es mir, mit einem Stinkmarder verglichen zu werden!“

Viele Vorwürfe sind ausgesprochen pauschal. Wenn Sie sie in Ihrem Sinne präzisieren, können Sie auf diese Weise solche pauschalen Verurteilungen schlagfertig kontern. Natürlich findet dabei eine Umdefinition dessen statt, was der Gesprächspartner gemeint hat. Das ist jedoch gewollt, fördert es ja möglicherweise sogar die Nachdenklichkeit des anderen. Zumindest haben Sie bei einer pfiffigen Umdeutung die Lacher auf Ihrer Seite und damit ist der Vorwurf auf der wichtigen emotionalen Ebene entkräftet.

Übung

Kontern Sie durch Definieren:

1. „Sie verhalten sich wie eine Ratte!“
2. „Sie betreiben eine Vogel-Strauß-Politik!“
3. „Sie sind vielleicht ein Komiker!“
4. „Sie sind ja fleißig wie eine Biene!“

Lösungsvorschläge

1. „Da eine Ratte nachweislich viel schneller aus einem Labyrinth herausfindet als ein Mensch, ist das doch in unserer verfahrenen Situation genau das Richtige!“

2. „Da der Strauß zu den schnellsten Läufern im Tierreich gehört, wollen Sie damit sagen, dass wir schnelle Fortschritte machen?"
3. „Wenn Sie damit ausdrücken wollen, dass ich nicht alles so tierisch ernst nehme wie Sie, dann bin ich damit einverstanden."
4. „Wenn Sie glauben, ich bin den ganzen Tag auf den Beinen, nur um ein wenig Zuckerwasser nach Hause zu schleppen, dann liegen Sie aber schief!"

Überzeugen durch Anschaulichkeit

„Ich glaube nur, was ich sehe" lautet der Grundsatz vieler Menschen. Lernen Sie für sich das Beste aus diesem Vorurteil zu machen, indem Sie Ihre Gesprächspartner oder Zuhörer durch gute Beispiele überzeugen. Zugleich heißt es aufpassen, dass Sie nicht selbst das Opfer falscher „Augenscheinlichkeit" werden, sondern diese mit rhetorischen Mitteln abwehren.

Der Gebrauch von Beispielen hat vor allem pädagogische Bedeutung. So werden selbst abstrakte und komplizierte Theorien durch treffende, einfache und anschauliche Beispiele verständlich und trockene, theoretische Vorträge werden durch gut gewählte Beispiele erst lebendig und erträglich.
Warum zum Beispiel werden in einem guten Chemie- und Physikunterricht so viele Experimente vorgeführt? Offenbar

ist dies die einzige Methode, Wissenschaften, die ansonsten ganz überwiegend aus einem Wust von Formeln bestehen, für die Schüler anschaulich und im wahrsten Sinne des Wortes begreifbar zu machen.
Wenn man beispielsweise unserer Bevölkerung das Drogenproblem vor Augen führen will, so kann man das mit der Statistik über Drogenfunde der Polizei und die Zahl der Abhängigen machen, die sich auf Papier leider fast so eindrucksvoll ausmachen wie eine Verordnung zur Einfuhr von Apfelsinen in die Europäische Union. Als man zu diesem Thema jedoch einen beklemmenden Spielfilm drehte, wie „Wir Kinder vom Bahnhof Zoo“, in dem das grausame Schicksal von einigen wenigen Abhängigen hautnah dargestellt wurde, entfachte man damit eine breite gesellschaftliche Diskussion. Damit wird aber auch zugleich die Gefahr von guten Beispielen deutlich, die gerade in ihrer hohen Überzeugungskraft liegt.

Was beweist ein Beispiel?

Es ist zum Teil wohl eine moralische Frage, ob man als redlicher Diskussionspartner auf den Beispielcharakter eines Beitrages hinweisen soll. Tatsächlich beweist ein Beispiel nur das Vorhandensein des Beispielfalles und nicht mehr. Oftmals werden Beispiele jedoch zur scheinbaren Beweisführung einer allgemeinen Gesetzmäßigkeit missbraucht. Eine dafür gebräuchliche Formel lautet:
„Wie wir schon an diesem Fall sehen, ist das ganz allgemein so …“

Diese kann man natürlich sprachlich in verschiedene Gewänder kleiden:

- „Wie wir an dieser Rostlaube sehen, sind die Autos dieser Marke einfach schlecht verarbeitet."
- „Wenn ich mir den jüngsten Sohn der Familie M. anschaue, dann sieht man deutlich, dass Frau M. einfach keine Kinder erziehen kann."
- „Kürzlich hatte ich schon wieder einen Wagen mit Kennzeichen XY vor mir. Ich sage dir, die fahren einfach wie die letzten Menschen."

Wahrscheinlich sind solche Formulierungen schon alleine deshalb so überzeugend, weil wir mit ihnen nicht nur andere, sondern sogar uns selbst täuschen. Viele stabile Vorurteile entstehen oder festigen sich aus der Verallgemeinerung von Einzelerfahrungen, sei es die Überzeugung, dass alle Autos einer bestimmten Marke rosten, dass alle Angehörigen einer bestimmten Rasse faul und arbeitsscheu sind, und viele andere Unterstellungen. Die Devise „Ich glaube nur das, was ich sehe" wäre gar nicht so schlimm, wenn man sie denn wenigstens wörtlich befolgen würde. Denn tatsächlich glauben viele Menschen allzu gern, dass sie das, was in diesem Moment an diesem Ort sehen, jederzeit und überall so ist.

Schlagfertige Konter

Die rhetorische Abwehr gegen einen verallgemeinernden Missbrauch von Beispielen besteht darum etwa in einem Hinweis auf die logische Unzulänglichkeit einer derartigen

Argumentation. Überzeugender wirkt allerdings die Präsentation eines Gegenbeispiels oder der Nachweis, dass aus den vorgelegten Beispielen auch ganz andere als die vom Gegner beabsichtigten Schlüsse gezogen werden können.
Schlagfertige Konter für die Verallgemeinerung von Beispielen:

- So kann man die Verallgemeinerung, dass Holz stets auf Wasser schwimmt, widerlegen, indem man zeigt, dass beispielsweise Hölzer wie Ebenholz oder Veilchenholz sofort versinken, wenn sie ins Wasser geworfen werden.
- „Hygiene ist wichtig, damit sich Bakterien nicht ausbreiten können." Von den Argumenten für zahlreiche Wasch-, Desinfektions- und Reinigungsmittel könnte man durchaus zu der Ansicht verführt werden, Bakterien seien insgesamt schädlich. Eine am eigenen Leibe erlebte bakterielle Infektion tut ein Übriges. Dass Bakterien bei der Produktion von Buttermilch, Sauerkraut, Joghurt und Käse helfen und in unserem Organismus Vitamine und in unserem Garten Humus erzeugen, bleibt dabei auf der Strecke.

Die Theorie vom Idealgewicht, dem nicht nur in unserem Lande Tausende hinterherhungern, beruht ursprünglich auf der Verallgemeinerung einer Versicherungsstatistik, die zunächst nur zeigt, dass es einen statistischen Zusammenhang zwischen einem gewissen Maß an Übergewicht und einer niedrigeren Lebenserwartung bzw. häufigerer Erkrankung gibt. Einen Kausalzusammenhang derart, dass Übergewicht die Ursache für ein verfrühtes Ableben ist, kann man aus einer sogenannten statistischen Korrelation alleine jedoch niemals ableiten. Dazu müsste man grundsätzlich die vermeintliche Ursache (hier: Körpergewicht) verändern können, um dann eine Veränderung der vermeintlichen Wirkung (hier: Lebenserwartung) zu beobachten. Das wird in diesem Falle jedoch etwas schwierig, denn man müsste hier ein und denselben Menschen einmal mit Idealgewicht und einmal mit Übergewicht leben lassen und dann schauen, wie alt er jeweils wird. Aber selbst in diesem Falle kann man andere Schlussfolgerungen nicht ausschließen, wie die (nicht nur) scherzhafte Vermutung, dass allen Übergewichtigen aufgrund des allgemeinen Schlankheitswahnes ein schlechtes Gewissen eingeredet wird, an dem sie schließlich erkranken und vorzeitig sterben (siehe auch den noch folgenden Abschnitt über Statistik).

Solche Gegenbeispiele setzen teilweise recht profunde Kenntnisse voraus. Manchmal lohnt sich allerdings der Blick in ein Nachschlagewerk, um diese Allgemeinplätze zu kontern (etwa Krämer/Trenkler: „Lexikon der populären Irrtümer"). Nehmen wir für den Alltagsgebrauch noch zwei der vorher angeführten Beispiele:

- „Wenn ich mir den jüngsten Sohn der Familie M. anschaue, dann sieht man deutlich, dass Frau M. einfach keine Kinder erziehen kann." Konter: „Soviel ich weiß, ist der jüngste Sohn mit einer schweren Krankheit auf die Welt gekommen!" Oder: „Aber die anderen Kinder sind doch ausgesprochen gut geraten!"

- „Kürzlich hatte ich schon wieder einen Wagen mit Kennzeichen XY vor mir. Ich sage dir, die fahren einfach wie die letzten Menschen." Konter: „Unser Freund Horst ist doch umgezogen und hat jetzt auch dieses Kennzeichen. Glaubst du, der fährt deshalb schlechter als vorher?"

Übung

Kontern Sie die folgenden verallgemeinernden Beispiele:

1. „Ich habe kürzlich das Auto von Herrn K. gesehen, es ist im letzten halben Jahr total durchgerostet. Also ich werde mir diese Marke nicht zulegen!"
2. „Du sitzt schon wieder herum und liest Zeitung! Du kümmerst dich einfach um gar nichts im Haushalt!"
3. Ein männlicher Kollege sagt: „Lassen Sie mich mal dran, Frau L.! Frauen verstehen eben nichts von Computern!"
4. „Nun guck dir diese braunen Blätter an! Du kannst einfach mit Pflanzen nicht umgehen!"

Lösungsvorschläge

1. „Weißt du eigentlich, dass er in seinem letzten Urlaub in Südfrankreich damit durch Salzwasser gefahren ist?"
2. „Seit zwei Wochen zimmere ich unseren Einbauschrank. Für mich läuft das auch unter Engagement im Haushalt."
3. „Haben Sie vergessen, dass eine Frau diese komplexe Datenbankanwendung programmiert hat, mit der wir alle arbeiten?"
4. „Alle anderen Pflanzen gedeihen doch prächtig. Zählt das nicht?"

Wie stehle ich einen guten Einfall?

In diesem Abschnitt erfahren Sie, wie man einen Einwand mit der Ja-aber-Taktik kontert. Sie lernen darüber hinaus, wie man mit einer besonderen Variante dieser Taktik die Idee oder das Argument eines anderen vereinnahmt oder umlenkt, ohne dass man ihn vor den Kopf schlägt.

Die Ja-aber-Taktik ist in der Umgangssprache gang und gäbe. Die Möglichkeit, zunächst einmal die Meinung des Gesprächspartners zu bestätigen, um ihm danach mit einer Wendung um 180 Grad zu begegnen, wird auch von rhetorisch nicht geschulten Menschen teilweise unbewusst genutzt. In ihr drückt sich ein (instinktives) Zurückweichen vor dem Gegner aus, das lediglich den Zweck verfolgt, ihn in einer für ihn unerwarteten Kehrtwendung der Lage umso heftiger anzugreifen.

Der Erfolg der Ja-aber-Technik basiert häufig auf der Hartnäckigkeit, mit der man die Aber-Variante wiederholt. So lässt sich in einer Auseinandersetzung ohne Weiteres eine große Kette von Äußerungen der folgenden Art aneinanderreihen:

- „Ich verstehe Ihre Einstellung, ich glaube jedoch …"
- „Da haben Sie sicherlich recht, aber ich denke …"
- „Ich glaube Ihnen durchaus, aber Sie müssen mir doch bestätigen, dass …"
- „Ich bin gern bereit, das zuzugeben, muss aber zu bedenken geben …"

Der Nachteil dieser Ja-aber-Taktik ist ihre Durchschaubarkeit. Kaum eine Technik ist so sehr Bestandteil unserer alltäglichen ungeschulten Rhetorik wie diese. In weniger aggressiver Form ist sie allerdings dennoch gut geeignet, um zum Beispiel den im vorigen Abschnitt besprochenen verallgemeinernden Umgang mit Beispielen zu kontern:

- „Diese Familie ist einfach furchtbar. Der junge Herr M. ist zum Beispiel ein ganz ekelhafter Kerl!"
- „Du hast recht, mit Herrn M. habe ich auch meine Probleme, aber mit den anderen komme ich sehr gut aus."

Mehr Geschick erfordert indes eine Variante, in der auf „aber" keine Widerlegung, sondern eine Bestätigung und Hinzufügung folgt. Diese Technik ist deshalb ein wenig anspruchsvoller, weil ich mit ihr nicht einfach eine andere Meinung oder ein Gegenbeispiel präsentiere, sondern die Argumentation des anderen weiterdenke, um sie dann entweder als die eigene zu präsentieren oder ihr die von mir gewünschte Ausrichtung zu geben.

Versetzen wir uns in folgende Situation: Herr A sitzt in einer Konferenz, in der es ein wichtiges Problem zu lösen gilt. Der Kollege B, den A stets als unangenehmen Konkurrenten empfunden hat, bringt einen ziemlich guten Vorschlag in die Runde ein. Bei näherem Überlegen stellt A fest, dass B's Vorschlag wirklich ausgezeichnet ist und eigentlich nur einen Fehler aufweist, nämlich dass er kein Einfall von A ist. A greift nun den Vorschlag von B mit folgender Bemerkung auf: „Das ist ein recht interessanter Vorschlag, Herr B, aber ich denke, wir sollten darüber hinaus noch folgende Ergänzungen vornehmen ..." A bringt nun irgendeine wesentliche oder auch unwesentliche Erweiterung ein. B fühlt sich dadurch bestätigt und widerspricht nicht. A achtet nun darauf, dass die endgültige Formulierung der Lösung aus seinem eigenen Munde kommt, und kann am Ende der Sitzung den Dank der Kollegen annehmen. Möglicherweise steht in dem an diesem Tag angefertigten Protokoll sogar zu lesen, dass A die Lösung des Problems gefunden hat.

Ich will mit diesem Beispiel keineswegs ausdrücken, dass eine solche Verfahrensweise auf Konferenzen üblich ist, noch dass sie in jeder Konferenz durchführbar wäre. Nach meiner Erfahrung ist es jedoch recht häufig so, dass eine Idee in einer Gemeinschaft auch oder vereinzelt sogar ausschließlich demjenigen zugeschrieben wird, der sie zuletzt erweitert und damit in der endgültigen Fassung vorgelegt hat. Da das gesprochene Wort viel flüchtiger ist als das geschriebene, ist diese Gefahr vor allem bei Diskussionen gegeben. Insbesondere wenn es in Firmen für Verbesserungsvorschläge auch noch Geld gibt, können die Raffinierteren der Versuchung oft nicht widerstehen, ihrem Gesprächspartner auf diese Weise nicht nur seine Idee zu stehlen!

Die Ja-aber-Erweiterung der Idee oder des Einwandes des anderen kann aber auch dazu dienen, seiner Argumentation die von mir gewünschte Ausrichtung zu geben.

- Kundin: „Das Grün dieser Bluse steht mir nicht."
- In der klassischen Ja-aber-Variante hätte man jetzt vielleicht ein wenig zaghaft gekontert: „Ja, aber das ist *die* Farbe in diesem Sommer."

- Lässt man sich hingegen auf den Einwand ein und erweitert ihn, so sagt man: „Das sehe ich jetzt auch, aber deswegen sollten sie unbedingt die rote Bluse hier anprobieren!"
- Beim Essen: „Ich mag keinen Knoblauch, danach stinkt man so."
- Einfache Ja-aber-Taktik: „Ja, aber er ist sehr gesund."
- Ja-aber-Taktik mit Erweiterung: „Ja, aber gerade das ist ja das Gesunde! Was dem Knoblauch seinen Geruch gibt, ist auch zugleich sein wichtigster Wirkstoff."

Während man offenbar mit der einfachen Ja-aber-Taktik in gewisser Weise seinen Gesprächspartner noch vor den Kopf stößt, geht man mit einer Erweiterung seines Argumentes auf seine Bedürfnisse ein und versucht diese so abzuwandeln, dass man sie mit dem befriedigen kann, was man zur Verfügung hat.

Übung

1. Vereinnahmen Sie mit der Ja-aber-Taktik folgende Ideen:
   a) „Wenn wir unsere Fahrzeuge mit anderen Reifen ausstatten, werden wir die Straßenlage deutlich verbessern."
   b) „Wenn wir die Sitzung eine Woche früher abhalten, könnten alle daran teilnehmen."
   c) „Es liegt an der Sonneneinstrahlung, dass dieser Laserdrucker nicht mehr funktioniert. Wir sollten ihn an einen schattigen Platz stellen."

d) „Ich schlage vor, dass wir erst die Ausstellung besuchen und dann ins Konzert gehen."

2. Kontern Sie folgenden Einwände sowohl mit der einfachen als auch mit der erweiterten Ja-aber-Taktik:
   a) Kunde: „Dieses Gerät erscheint mir sehr teuer." Verkäufer: …?
   b) Entwickler: „Dieses Produkt ist in einem Jahr veraltet." Marketingleiter: …?
   c) Chef: „Sie verbringen zu viel Zeit am Kopierer." Mitarbeiter: …?
   d) Partner: „Du gibst viel zu viel Geld für deine Kleidung aus." Partnerin: …?

Lösungsvorschläge

1. a) „Ja, aber wenn wir zusätzlich eine elektronische Fahrwerksregulierung einbauen, werden wir einen ganz neuen Standard setzen."
   b) „Ja, aber wenn wir die Sitzung nicht nur eine Woche vorverlegen, sondern auch noch vormittags abhalten, kann sogar Herr T. daran teilnehmen."
   c) „Ja, aber einfacher ist es, einen Sonnenschutz am Fenster anzubringen."
   d) „Ja, aber wir sollten zuerst eine Kleinigkeit essen, bevor wir zur Ausstellung und ins Konzert gehen."
2. a) Verkäufer: „Ja, aber es ist das Beste, was auf dem Markt ist." – „Ja, aber gerade weil es so teuer ist, können Sie in Qualität, Garantie und Service die höchsten Ansprüche an dieses Gerät stellen."

b) Marketingleiter: „Ja, aber wir müssen jetzt irgendein Produkt anbieten." – „Ja, aber weil das Produkt so schnell veraltet, haben wir einen Vorteil: Die Kunden werden sich in einem Jahr den Nachfolger anschaffen."
c) Mitarbeiter: „Ja, aber diese Kopien brauchen wir unbedingt." – „Ja, aber während ich kopiere, denke ich schon mal über die nächsten Arbeitsschritte nach."
d) Partnerin: „Ja, aber dafür sehe ich immer sehr gepflegt aus." – „Ja, aber gerade deswegen möchte ich jetzt auch wieder arbeiten gehen. Dann kann ich mir mein Geld für meine gute Kleidung selbst verdienen."

Wenn der andere von seiner Ansicht nicht abzubringen ist

Der folgende Abschnitt zeigt Ihnen, wie man in kleinen Schritten die Position des Gesprächspartners auflöst. Im Umkehrschluss lernen Sie, aufmerksam einer solchen Taktik zu begegnen und sich nicht ohne Not in die Rolle eines Opfers drängen zu lassen.

Ebenfalls abhängig von der anfänglichen Zustimmung des Gesprächspartners ist eine Vorgehensweise, die häufig recht anschaulich als Salamitaktik bezeichnet wird. Da die Salami eine Hartwurst ist, ist sie für die meisten nur in kleinen Scheiben zu genießen. Im Gespräch kommt es somit darauf an, dass die errungenen Zugeständnisse im Einzelnen so gering und unbedeutend wirken, dass der Gesprächspartner den Eindruck hat, dass sich Widerspruch nicht lohnt. Der Bodengewinn ist unmerklich und eine offene Konfrontation wird vermieden. Bei konsequenter Anwendung dieser Taktik ist jedoch der Standpunkt des Gegenübers irgendwann nicht mehr zu halten. So wie eine Salami durch das stete Abschneiden kleiner Scheiben irgendwann aufgebraucht ist, so wird hier die Position des Gesprächspartners „scheibchenweise" aufgelöst.

Dies gilt umso mehr, als nach einigen Zugeständnissen das Geschehen häufig eine eigene Dynamik entwickelt. So kann man, weil man zum Beispiel dreimal recht bekommen hat, nun die (logisch unbegründete, aber psychologisch naheliegende) Forderung stellen, eben deshalb auch ein viertes Mal recht zu bekommen.

Es ist zum Erfolg dieser Taktik nicht nötig, dass der Gesprächspartner selbst einem die letzten Scheiben der Wurst zuspricht. Insbesondere bei Auseinandersetzungen vor einem größeren Zuhörerkreis ist der Adressat der Überzeugungsbemühungen nicht der unmittelbare Gesprächspartner, sondern vielmehr die Mehrheit der Zuhörer. Politiker, die solche Strategien in einer Fernsehdiskussion vorführen, wissen von vornherein, dass sie den politischen Gegner nicht überzeugen werden, was immer sie auch vorbringen. Der Gesprächspartner degeneriert hierbei also zum Mittel, die Überlegenheit der eigenen Ansicht vorzuführen.

Um nicht das Opfer einer solchen Technik zu werden, sollte man sich jede Zustimmung, die man in größerer Gesprächsrunde aus reiner Bequemlichkeit oder „um des lieben Friedens willen“ gibt, sorgfältig überlegen.

Stellen Sie sich bitte vor, dass ein Kernkraftwerksbetreiber und ein Grüner miteinander diskutieren, umgeben von etwa zehn Zuhörern, die zu diesem Thema überhaupt noch keine eigene Meinung haben. Unser Kernkraftbetreiber beginnt die Diskussion mit folgender (Suggestiv-) Frage an den Grünen: „Sie sind doch sicherlich auch der Meinung, dass unsere Luft in erheblichem Maße verschmutzt ist und sauberer werden muss?“ Der Grüne nickt und sagt: „Das ist richtig. Das fordern wir schon seit Langem!“ – Das war die erste Scheibe der Salami!

Der Kernkraftbetreiber setzt nach und sagt nun: „Und Sie werden mir doch zustimmen, dass unsere Kohlekraftwerke, insbesondere die Braunkohlekraftwerke, einen erheblichen Anteil daran haben?“ „Ja“, seufzt der Grüne, „das ist leider wahr. Kohlekraftwerke, vor allem Braunkohlekraftwerke, belasten unsere Atmosphäre ganz erheblich.“ – Das war die zweite Scheibe der Salami!

Unser Kernkraftbetreiber wendet sich nun an die anderen zehn Zuhörer in der Runde und fragt: „Und Sie werden doch sicherlich auch morgen noch, wenn Sie nach Hause kommen, das Licht und den Fernseher anmachen wollen, sich ein kaltes Bier aus dem Kühlschrank holen und sich bei Kälte ein warmes Öfchen an die Füße stellen wollen?“ Der Grüne nickt nun nicht mehr, weil er die Marschrichtung ahnt, aber die anderen zehn stimmen voll zu, denn wer will schon morgen im Dunkeln sitzen, nicht mehr fernschauen können, warmes Bier trinken müssen und bei alldem auch noch kalte Füße haben? – Dies war die dritte Scheibe der Salami!

Nun meldet der Kernkraftbetreiber sein Recht auf die gesamte Wurst an. Denn was hat er an Zugeständnissen bekommen?

1. *Die Luft ist schmutzig und muss sauberer werden.*
2. *Kohlekraftwerke, insbesondere Braunkohlekraftwerke, belasten die Luft.*
3. *Die dritte Scheibe der Salami war lediglich gut verpackt. Betrachtet man sie genauer, heißt sie: „Und der Energieverbrauch ist morgen mindestens so hoch wie heute."*

Damit ist für die zehn unbedarften Zuhörer die Stoßrichtung der Argumentation nachvollziehbar und klar. Wir brauchen mehr Energie, mit Kohlekraftwerken geht dies nicht, deshalb haben wir nun ein offenes Ohr für Kernkraftwerke.

Schlagfertige Konter

Was hätte der Grüne tun sollen, um diesem Fallstrick zu entgehen? Er hätte nur rechtzeitig, und zwar spätestens bei der zweiten Scheibe der Salami, die von den Kohle- und Braunkohlekraftwerken handelte, die klassische *Ja-aber-Taktik* anwenden müssen: „Ja, das sehe ich auch so, aber ich fürchte, Kernkraftwerke sind noch schlimmer." Und schon hätte der Gegner sein Anrecht auf die ganze Wurst verwirkt!

Wer sich einer solchen Technik weniger als Täter bedient, sondern vielmehr als Opfer gegenübersieht, bei dem müssen die Alarmglocken klingeln, wenn man in einem Gespräch mehrfach hintereinander gezwungenermaßen Ja sagen oder auch nur nicken muss. Man muss also rechtzeitig mit der *Ja-aber-Taktik* das Schlimmste verhindern! Übrigens ist diese Vorgehensweise auch in der Verkaufsrhetorik recht beliebt, indem man dem Kunden zunächst nur Fragen stellt, die er bejahend beantworten muss. Es bildet sich dabei eine gewisse Eigendynamik heraus, die es beinahe erzwingt, dass man jemandem, dem man achtmal recht gegeben hat, beim neunten Mal nicht mehr widerspricht. Und die neunte Frage lautet dann häufig nur noch: „Wie darf ich es Ihnen einpacken?"

Die Täter-Opfer-Rollen aufbrechen!
Sprachliche Angriffe sind oftmals deshalb so erfolgreich, weil sich die Angegriffenen so bereitwillig in ihre Opferrolle fügen. Häufig wird mit einem genau das gemacht, was man mit sich machen lässt! Ob in einer Partnerschaft oder im Verhältnis Vorgesetzter-Mitarbeiter, immer wieder beobachte ich, dass sich die scheinbar Unterlegenen schon frühzeitig in diese Rolle fügen und sie in der Folge beibehalten. Sie leiden darunter zwar in vielen Fällen, begehren aber nicht auf. Dabei ist diese Unterwürfigkeit ein Signal für den aggressiveren Teil, mit eben dieser Aggression fortzufahren, denn sie wird ja jetzt erst recht zum Erfolgserlebnis! Im Gegensatz zu manchen Tierarten wirkt bei vielen Menschen die Demutsgeste also nicht zwangsläufig besänftigend; wer sie zeigt, endet im schlimmsten Falle als Märtyrer. Im günstigeren Falle erreicht der Angreifer aber eine Situation, die wir auch im Tierreich wiederfinden: Es entsteht eine „Hackordnung". Der unterlegene Wolf oder Hund demonstriert in einer Auseinandersetzung mit dem Ranghöheren sein Einverständnis in diese Rollenzuweisung damit, dass er den Schwanz einkneift.

Aber selbst Tiere haben Möglichkeiten entwickelt, zwischen Angriff und Unterwerfung Gesten der verdeckten Gegenwehr zu zeigen. So beißen Wölfe und Hunde in die Luft, intelligente Vogelarten wie Papageien hacken ins Leere. Sie zeigen damit an: „Vorsicht, bis hierhin und nicht weiter! Ich kann dich beißen, wenn ich will!" Etwas Ähnliches signalisiert auch der schlagfertige Konter: „Ich bin bereit zum Schlag, aber ich führe ihn (noch) nicht wirklich aus!" Je nach Situation sollten wir also schlagfertig kontern statt zu kneifen.

Übung

Überlegen Sie bitte, ob Sie sich schon einmal in einer Opferrolle befunden haben und was Sie getan haben, um daraus auszubrechen. Wann haben Sie gemerkt, dass Sie in die Ecke gedrängt wurden? Wann haben Sie sich gewehrt?

Wenn Sie es zu spät gemerkt haben, dann werden Sie hoffentlich in Zukunft aufmerksamer sein. Häufig ist es jedoch so, dass man den sogenannten Interventionspunkt verpasst, man reagiert also nicht, obwohl man spürt, was der andere vorhat. In einem fortgeschrittenen Stadium hat der andere dann schon so viel an Boden gewonnen, dass Sie nicht mehr genug davon haben, um darauf stehen zu können. Anders ausgedrückt: Je länger Sie mit der Gegenwehr warten, desto aussichtsloser wird sie.

Wann würden Sie in dem folgenden Beispiel intervenieren?

1. „Wir alle wissen, dass viele Menschen in unserem Land ungesunde Angewohnheiten haben."
2. „Sie werden mir sicherlich bestätigen, dass rauchen der Gesundheit schadet."
3. „Schon eine Zigarette behindert unsere Blutzufuhr und vergiftet unseren Organismus."
4. „Aber auch der Alkohol ist ein großes Problem unserer Gesellschaft."
5. „Das fängt schon beim Bier an."

Hinweis Ziel dieser Salamitaktik ist offenbar die (ungerechtfertigte) Gleichsetzung von Zigaretten und Alkohol, mit der Konsequenz, Ihnen letztendlich nicht einmal mehr ein Glas Bier zu gönnen. Raucher werden wahrscheinlich schon bei Punkt 3) intervenieren: „Moment mal, Sie wollen doch nicht eine Zigarette mit zwei Schachteln gleichsetzen!" Nichtraucher werden (ob zu Recht oder nicht ist hier unwesentlich) Punkt 3) noch akzeptieren, sollten aber spätestens bei der Verstrickung von Zigaretten und Alkohol in Punkt 4) eine deutliche Trennung fordern. Es sei denn, Sie sind ein überzeugter Abstinenzler oder besser noch Moralist, dann haben Sie in dem obigen Beispiel gelernt, wie Sie sich durchsetzen und anderen den Spaß an der Sünde verderben können!

Harte Daten und Zahlen als Mittel rhetorischer Manipulation

Die Statistik hat bei vielen Menschen einen schlechten Ruf. Hier erfahren Sie, dass es vor allem die Verbindung von Statistik und Rhetorik ist, die der Manipulation Tür und Tor öffnet.

Ein geflügeltes Wort sagt, es gebe drei Arten der Lüge: Die gemeine Lüge, die Notlüge und die Statistik. Obwohl sich ernsthafte Mathematiker (mit Recht) über dieses Sprichwort ereifern, klärt es doch auf einfachste Weise, wie Statistik in der Rhetorik eingesetzt (und missbraucht) werden kann.
Die Verwendung von Zahlen und Daten gibt jeder Stellungnahme ein „wissenschaftliches" Aussehen. Die Überzeugungskraft von mathematisch verbrämten Argumenten scheint insbesondere in unserem Kulturkreis besonders hoch zu sein und entspringt einer langen Tradition des Denkens, die spätestens mit Immanuel Kant erklärt hat, dass in einer Lehre nur so viel Wissenschaft ist, als darin Mathematik enthalten ist.
Nehmen wir an, ein Vortragsredner erhärtet seine Thesen durch einen Satz von Daten und Untersuchungsergebnissen. Sind diese Daten das Ergebnis eigener Forschungen, so können sie ohnehin nur aufgrund anderer Forschungen in Zweifel gezogen werden. Da in diesem Falle die Widerlegung dieser Thesen nicht weniger problematisch und unsicher ist als ihre ursprüngliche Bestätigung, können sich manche Theorien allein deshalb behaupten, weil sie mit

hinreichender Autorität und viel objektiver Tünche in Form von schwer überprüfbaren Daten dargeboten werden. Sogar innere Widersprüche einer in dieser Weise präsentierten Theorie müssen dann nicht sofort zu ihrer Verwerfung führen.

Der „interpretierende" Gebrauch sogenannter harter Zahlen ist durchaus salonfähig. Insbesondere im öffentlichen Missbrauch der Statistik durch einige medienhungrige Politiker und Wissenschaftler ist es eine vielgeübte Unsitte geworden, einen Teil der Maßzahlen ganz einfach zu verschweigen, um das Datenmaterial für die eigenen Zwecke ausdeuten zu können.

Vom Abschwung des Aufschwungs

Unsere Bevölkerung wurde vor einigen Jahren aufgeschreckt durch ein gewaltiges Robbensterben an der Nord- und Ostsee. Der Ausdruck „Robbensterben" bedeutet mathematisch bereits eine zeitliche Veränderung des Robbenbestandes. Es gibt nun aber auch eine zeitliche Veränderung des Robbensterbens selbst, also eine Veränderung des Tempos, mit dem es fortschreitet oder wenn man so will: eine Veränderung der Veränderung. Diese zweite Veränderung muss man rhetorisch nur noch gut verpacken. Die staunende Öffentlichkeit konnte deshalb eines Tages in der Zeitung lesen, dass man sich keine Sorgen mehr zu machen brauche, da das Robbensterben sichtlich abgenommen habe. In der Sprechweise der ersten Veränderung heißt das zwar, dass nach wie vor Robben sterben und von verminderter Sorge schon allein deshalb keine Rede sein dürfte, weil ja irgendwann keine Robben mehr sterben können. In der zweiten Veränderung (also der Veränderung der Veränderung) sterben jedoch immer weniger Robben und so hört sich der gleiche Sachverhalt dann schon wesentlich freundlicher an.

Man könnte die Kette der Beispiele umfangreich fortsetzen. Wird zum Beispiel von den jeweils interessierten Parteien darauf hingewiesen, dass der Anstieg des Waldsterbens oder der Arbeitslosigkeit in diesem Jahr deutlich geringer sei als im letzten Jahr, so drückt sich darin auch nichts anderes aus als die zweite zeitliche Veränderung des Baumbestandes oder der Arbeitslosenzahlen. Es wird dabei die psychologisch ungleich ungünstigere Aussage umgangen, dass alles nach wie vor schlimmer wird. Es ist, als würde der Kapitän auf der sinkenden Titanic seinen Passagieren erklären: „Bitte regen Sie sich nicht auf, unser Schiff sinkt gar nicht mehr so schnell wie vorhin!“ Notwendig oder zumindest hilfreich ist hier allerdings eine gewisse Finesse in der Formulierung, denn hätte man unumwunden von einer „Abnahme der Zunahme“ des Baumsterbens gesprochen, wäre die Manipulation vielleicht auch dem naiveren Gemüt offensichtlich geworden. So jedoch haben wir eine erfreuliche „Abnahme des Waldsterbens“, die man ganz dreist noch mit der Behauptung krönen könnte: „Spätestens im Jahre 2010 haben wir das Waldsterben gestoppt!“ Ob es dann noch einen einzigen gesunden Baum in Deutschland gibt, darüber schweigt des Dichters Höflichkeit.

Manipulieren durch Weglassen

In der Kombination von Statistik und Rhetorik verschweigt man vor allem solche Kennwerte, die ein Licht auf die tatsächliche Verteilung werfen würden. So ist zum Beispiel eine Aussage über den „Durchschnitt“ oder (bei quantitativen Erhebungen) das „arithmetische Mittel“ einer Untersuchungsgesamtheit nur dann sinnvoll, wenn die zugehörige Streuung nicht zu groß ist. Zum Beispiel ist die Feststellung, dass jeder Bundesbürger täglich im Durchschnitt eine bestimmte Anzahl Zigaretten raucht oder zwei Glas Bier trinkt, im Angesicht der Tatsache, dass es eine große Gruppe von Nichtrauchern oder Abstinenzlern gibt, für sinnvolle Folgerungen oder Maßnahmen im medizinischen Bereich nicht zu gebrauchen. Die Auswahl der Bezugsgruppe kann ohnehin zu bemerkenswerten Verzerrungen führen, wie zum Beispiel im folgenden Fall:

„Jedes Jahr sterben 10 000 Menschen im Straßenverkehr und 100 000 im Bett.“

Folgerung: „Das Bett ist zehn Mal so gefährlich wie der Straßenverkehr.“

Das Faszinierende an solchen Beispielen ist, dass die Datenbasis im Grunde korrekt ist (in der Größenordnung stimmt das obige Beispiel). Man lässt jedoch einfach ein paar weitere wesentliche Gesichtspunkte außen vor. In diesem Falle, wie viele Menschen jeden Tag ins Bett gehen und wie viele sich in den Straßenverkehr begeben. Und man verschweigt, dass die meisten Menschen, wenn sie spüren, dass sie sterben, sich eher ins Bett legen, als sich ans Steuer zu setzen.

Zahlenspiele durchschauen und schlagfertig kontern

Wird man mit solchen Zahlenspielchen konfrontiert, ist es sehr wichtig, dass man sie möglichst schnell durchschaut, zumindest aber spürt, dass hier getrickst wird, auch wenn man das nicht konkret festmachen kann. Oftmals wird der Bezugsrahmen manipuliert bzw. so angesetzt (oder notfalls auch erfunden), wie man ihn braucht:

- beim Robben- und Waldsterben bezieht man sich nicht auf den Bestand, sondern auf dessen Veränderung;
- beim Vergleich zwischen den Gefahren von Straßenverkehr und Bett sind die Bezugsgruppen von völlig unterschiedlicher Größe.

Hier hilft vor allem rechtzeitiges Nachfragen! Wenn Ihnen das Ergebnis einer Statistik seltsam vorkommt, ziehen Sie alles in Zweifel, was Ihnen in den Sinn kommt! Versuchen Sie nach einem anderen Bezugsrahmen zu fragen!

Sie kennen doch sicherlich die weit verbreitete Behauptung, dass mit dem Flugzeug zu fliegen viel sicherer sein soll als mit dem Auto oder mit der Bahn zu reisen. Lassen wir mal das Auto als die riskanteste Art der Fortbewegung außer Acht, so spricht die Statistik auf den ersten Blick in der Tat für diese These. Im „Lexikon der populären Irrtümer“ von Walter Krämer und Götz Trenkler fand ich allerdings eine interessante Variante, und zwar kommen sie durch Änderung des Bezugsrahmens zu einem genau gegenteiligen Ergebnis. Zunächst die gängige Statistik:

Bahn: 9 Tote pro 10 Milliarden Passagierkilometer
Flugzeug: 3 Tote pro 10 Milliarden Passagierkilometer
Das Flugzeug wäre demnach dreimal so sicher wie die Bahn. Nimmt man als Bezugsrahmen jedoch nicht die zurückgelegte Wegstrecke, sondern schlicht und einfach die Fahrzeit, so ist es genau umgekehrt:
Bahn: 7 Tote pro 100 Millionen Passagierstunden
Flugzeug: 24 Tote pro 100 Millionen Passagierstunden
Nun ist das Flugzeug mehr als dreimal so gefährlich wie die Bahn! Damit können Sie jetzt Ihre Angst vor dem Fliegen auch noch statistisch begründen!

Übung

1. Bitte betrachten Sie die folgende Statistik:

Jahr	1.000 DM	Umsatzzuwachs in %
1979	205	
1980	220	7,3
1981	250	13,6
1982	270	8
1983	300	11,1
1984	320	6,7

Aus der folgenden Grafik zu dieser Statistik lässt sich unschwer erkennen, dass es sich um ein extrem stark expandierendes Unternehmen handelt:

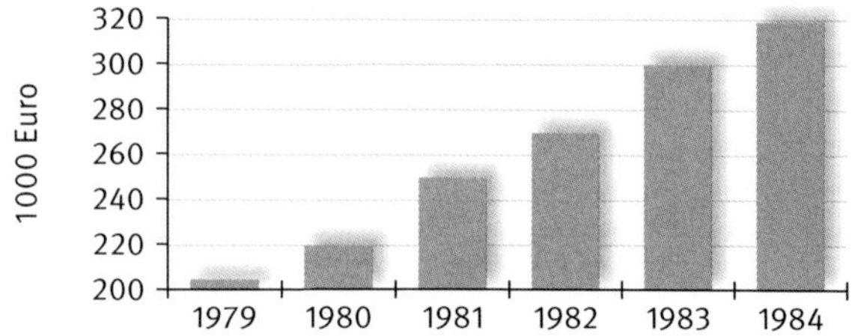

Decken Sie bitte die zugrunde liegende Manipulation auf!

2. Die Einkommen von neun Personen in einer Abteilung betragen: 800 €, 1150 €, 1500 €, 1510 €, 1740 €, 1920 €, 2200 €, 2890 €, 14 190 €.

   Folgerung: Der Durchschnittsverdienst in dieser Abteilung liegt bei 3100 €.

Frage: Welche Aussagekraft hat diese Folgerung?

Lösung

1. Die Basislinie beginnt nicht bei Null! In einer „seriösen" Darstellung ist die Entwicklung der Firma weitaus weniger dramatisch:

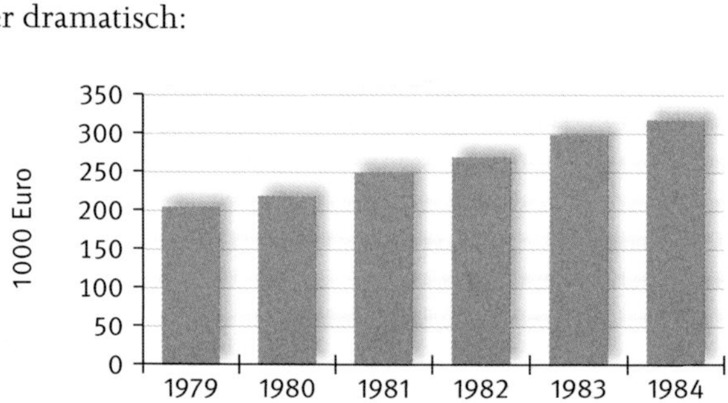

2. Extreme Randwerte, sogenannte Ausreißer, beeinflussen den arithmetischen Mittelwert recht stark und beeinträchtigen damit erheblich seine Aussagekraft. Der arithmetische Mittelwert beträgt in diesem Beispiel zwar 3100 €, aber bis auf eine Person verdienen alle anderen weniger als diesen Durchschnitt.

Wenn ich nicht zugeben will, dass der andere recht hat

Sie werden mit einem Einwand konfrontiert, der zutreffend ist. Im einfachsten Falle könnten Sie das einfach zugeben, schlagfertig wäre das aber nicht. Erfahren Sie hier, welche weiteren Möglichkeiten es gibt, mit einem Einwand umzugehen.

„Goldene Regel der Rhetorik"
Es ist gegen kaum eine Behauptung schwerer anzukämpfen als gegen die, dass man recht hat.

Was ich hier als „Goldene Regel der Rhetorik" bezeichne, hat sich vielfach bewährt. So leicht es ist, sich gegen jede Art von Widerspruch aufzulehnen, so schwierig ist es, in einer Auseinandersetzung den Gegenpart zu spielen, in der man durchweg recht bekommt. Insbesondere für die erfolgreiche Behandlung von Einwänden ergeben sich aus dieser Regel folgende Empfehlungen:

1. Ein Einwand wird immer entgegengenommen.
2. Der Einwand wird als konstruktiver Beitrag gewertet.
3. Der Einwand wird in seiner Bedeutung eingeschätzt.

Das hört sich dann beispielsweise so an:
1. „Gut, dass Sie das sagen, Herr Kollege."
2. „Gut, dass Sie das sagen, Herr Kollege, das ist ein guter Einwand."
3. „Gut, dass sie das sagen Herr Kollege, das ist ein guter Einwand, aber ich glaube, er berührt unser Problem nur am Rande."

Eine solche Einschätzung bestätigt zwar den Sprecher und seinen Einwand, lenkt Letzteren jedoch an seinem Ziel vorbei. Gegen eine solche partielle Bestätigung zu argumentieren ist ungleich aufwendiger und sicherlich im Ton weniger aggressiv, als wenn der Einwand ungeschminkt mit der Bemerkung „Herr Kollege, Ihr Einwand tut nun wirklich nichts zur Sache" abgeschmettert worden wäre.
Statt den Einwand an sich und am Problem vorbeizulenken, kann man ihn natürlich auch auf einen späteren Zeitpunkt verschieben, etwa mit einer Bemerkung wie:
„Gut, dass Sie das ansprechen, Herr Kollege, das ist ein ausgezeichneter Einwand, aber auf diesen Punkt wollte ich an späterer Stelle ohnehin noch zu sprechen kommen."
Unredliche Diskutanten und Redner pflegen nun den Versuch zu machen, die Behandlung dieses Einwandes im Laufe der Diskussion einfach zu vergessen. Sollte dies bei

einem aufgeweckten Diskussionspartner nicht möglich sein, so ergibt sich unter Umständen doch noch ein taktischer Vorteil:
Nehmen wir an, ein Redner hat die Behandlung eines Einwandes zu Beginn oder in der Mitte der Diskussion erfolgreich aufgeschoben. Wenn es ihm nun gelingt, die Zeit bis zum geplanten Ende der Diskussion mit mehr oder weniger interessanten Beiträgen zu füllen, und der Diskussionspartner nun zum Schluss doch noch auf die Behandlung seines früheren Einwandes drängt, so finden wir uns jetzt wahrscheinlich in folgender Situation: Aufgrund der fortgeschrittenen Zeit wollen die meisten nach Hause und haben kein Interesse mehr an der Fortführung der Diskussion. Derjenige, der jetzt noch auf der Behandlung seines Einwandes besteht, zwingt alle anderen zum Bleiben und schafft damit eine für ihn ungünstige emotionale Situation. Die Mehrheit wird jetzt einverstanden und sogar dankbar sein, wenn der Einwand in aller Kürze behandelt wird. Aus einem möglicherweise schlagenden Einwand wird so eine Randbemerkung.
Man kann natürlich kurz vor Schluss auch sagen: „Schauen Sie, all Ihre Kolleginnen und Kollegen haben es eilig. Lassen Sie uns doch das Ganze gleich unter vier Augen besprechen!“ Und wenn nun der Letzte den Raum verlassen hat, dann schließen Sie sicherheitshalber die Tür hinter den anderen und sagen zu Ihrem Kontrahenten: „Ich glaube, Sie hatten vollkommen recht.“ Eine Niederlage ohne Zeugen ist keine!

Die fortgeschrittenen Stufen des Konterns

Trotz alledem kann es auch dem unfairen Rhetoriker passieren, dass er einen Einwand vor einer Zuhörerschaft entkräften muss. Ist dies mit sachlichen Mitteln möglich, so kann auf rhetorische Wendungen aus dem Bereich der unfairen Dialektik sicherlich verzichtet werden. Kann man den Einwand in vollem Umfang jedoch nicht entkräften, verbleiben immer noch einige Möglichkeiten:

1. Abschwächung Der Einwand wird in der oben geschilderten Weise eingeschätzt und an der kritisierten These vorbeigelenkt. Entscheidend dabei ist, dass man dem Einwand seine Berechtigung nicht abspricht, aber klar betont, dass er nicht den Kern der Sache trifft. Sollte man danach von seinem Kontrahenten zu einer Klarstellung gezwungen werden, so wird man diesen Kern der Sache tunlichst so darstellen, dass die kritisierten Bereiche wirklich oder zumindest anscheinend von untergeordneter Bedeutung sind. Ganz schlecht sieht es für den Gesprächspartner aus, wenn ich ihm seinen Einwand zwar zugestehe, aber meine persönliche Betroffenheit leugne: „Das ist ein interessanter Einwand, Herr Kollege, aber ich fühle mich davon eigentlich nicht angesprochen." Nun hat der andere das leidvolle Los, Ihnen zu beweisen, dass Sie sich von seinem Einwand angesprochen fühlen müssen!

2. Interpretation Die Kunst der Interpretation lässt sich auch in der Rhetorik einsetzen. In Kombination mit Suggestivfragen bittet man scheinbar um eine Klärung des Einwandes, um dann so lange an ihm herumzudeuten, bis der

Diskussionspartner an seinem eigenen Einwand (ver-)zweifelt. „Das habe ich jetzt nicht verstanden. Sie meinen wahrscheinlich ...?" Ihr Gesprächspartner hat nun keine andere Wahl, als seinen Standpunkt nochmals in anderen Worten darzustellen, worauf Sie erfreut sagen: „Ja, ich glaube, jetzt habe ich Sie verstanden! Sie wollen also Folgendes zum Ausdruck bringen: ..." Natürlich verstehen Sie ihn wieder falsch und der andere wird sich nun zunehmend verbissener bemühen, Ihnen seinen Standpunkt verständlich zu machen. Sie jedoch können dieses Spiel des Nichtverstehens so lange treiben, bis bei Ihrem Gesprächspartner die letzte Gehirnzelle streikt und er selbst nicht mehr weiß, was er sagen wollte!

3. Herausgreifen eines Teils Der Einwand wird hier nicht als Ganzes entkräftet, sondern man greift sich lediglich einen Teil oder einen Aspekt heraus, den man widerlegen kann. Bei schlechten Zuhörern verbleibt lediglich der Eindruck, dass irgendetwas widerlegt wurde, dass sich also der Angegriffene erfolgreich gewehrt hat. Und es ist nach meiner Erfahrung immer wieder erstaunlich, wie viele schlechte Zuhörer es gibt! Wie sagt schon Schopenhauer: „Gewöhnlich glaubt der Mensch, wenn er nur Worte hört, Es müsse sich dabei doch auch was denken lassen."

Im Stadtrat einer deutschen Großstadt wurde eines Tages folgender Punkt auf die Tagesordnung gesetzt: Ein Abgeordneter wollte die Frage klären, wie weit diese Großstadt und ihre Verkehrsregelung am Waldsterben in dem dichtbesiedelten Großraum rund um die Stadt betei-

ligt sei. In der Tat musste man aufgrund der täglichen Staumeldungen den Eindruck haben, dass dieser Einfluss nicht unerheblich war. Kaum wurde dieser Punkt der Tagesordnung aufgerufen, meldete sich ein anderer zu Wort und verwies auf ein Gutachten der in dieser Stadt beheimateten Universität, in dem eindeutig dargelegt wurde, dass das größte zusammenhängende Waldgebiet dieser Stadt sich in den letzten drei Jahren deutlich erholt hatte. Zunächst herrschte betretenes Schweigen, darauf wanderte das Gutachten von Hand zu Hand. Dort konnte man nachlesen, dass sich das Waldgebiet in den letzten drei Jahren deutlich erholt hatte. Also erklärte man diesen Punkt für nachrangig und das Thema vorläufig als erledigt.

Was derjenige, der das Gutachten herumreichte und der es auch selbst in Auftrag gegeben hatte, verschwiegen hatte, war, dass das fragliche Waldgebiet in den letzten drei Jahren mit dem Kalk eines nahe gelegenen Kalksteinwerks gedüngt wurde, es war also in keiner Weise aussagekräftig für das Thema „Waldsterben". Da er jedoch ausdrücklich einen Zustandsbericht angefordert hatte, stand diese Seite der Medaille nicht in dem Gutachten! Mit dem Herausgreifen eines kleinen (unrepräsentativen) Teils wurde hier also ein (wahrscheinlich berechtigter) Punkt erfolgreich gekontert.

4. Hinzufügen/Übertreiben Diese Technik ist eher für rhetorische Profis geeignet, sollte aber den nicht so Geübten zumindest bekannt sein, um im Falle des Falles die Aufmerksamkeit zu schärfen.

In dieser Technik wird ähnlich verfahren wie in der Selbstverteidigung des Judo. Der Schwung des Gegners wird noch verstärkt, um ihn schließlich mithilfe seiner eigenen Energie zu Fall zu bringen. Ein Einwand wird demnach also aufgegriffen und nachhaltig unterstützt. „Gut, dass Sie das sagen, Herr Kollege, das ist ein ausgezeichneter Einwand. Möglicherweise muss man darüber hinaus sogar noch Folgendes einwenden …"

Im Folgenden wird auf dem Einwand des Gegners aufgebaut, seine Kritik wird noch verstärkt und erweitert. Wichtig ist dabei, dass der Gegner dieser Erweiterung seines Einwandes folgt und ihr zustimmt. An einer bestimmten Stelle der Erweiterung wird der Redner dann stutzen und bestürzt feststellen, dass der Einwand in dieser Form nicht mehr haltbar ist und man deshalb bedauerlicherweise alles, was in dieser Richtung gesagt wurde, vergessen muss. Kurz gesagt besteht diese Taktik also darin, den Einwand mit Zustimmung des Diskussionspartners so lange zu übertreiben, bis er nicht mehr haltbar ist. Mit etwas Glück lassen sich mit dieser Taktik sogar Vorurteile austreiben, deren besondere Eigenschaft ja gerade darin besteht, dass sie vernünftigen Argumenten nicht zugänglich sind.

Man übertreibt den Einwand so lange, bis er nicht mehr haltbar ist.

Von den Mitarbeitern einer größeren Behörde wurde ich einmal gebeten, mich eines sehr unbequemen Kollegen anzunehmen, der durch und durch rassistisch eingestellt war. In einer normalen Diskussion war dem Mann nicht beizukommen, weil er ein rhetorisches Hilfsmittel einsetzte, das zumindest für dieses Thema sehr ergiebig ist: das Mittel der Statistik. Ausgerüstet mit den Kriminaliätsstatistiken der letzten zehn Jahre, vermochte er so ziemlich jeden dort ansässigen Teil der ausländischen Bevölkerung in irgendeiner Deliktsparte der Statistik aufzuspießen. Da ich in dieser Behörde recht bekannt war, gelang es mir ohne großen Verdacht, den betreffenden Mitarbeiter dort ganz locker zu einer Tasse Kaffee zu treffen. Ganz beiläufig brachte ich dabei das Thema „Ausländer" auf. Da dies sein Lieblingsthema war, sprang er sofort darauf an und begann erwartungsgemäß, auf einige Ausländergruppen zu schimpfen.

Während ihm an dieser Stelle alle Kollegen stets widersprochen hatten, machte ich nun genau das Gegenteil. Ich bestätigte seine Einstellung und setzte noch einen oben drauf: „Und die, die sind ja noch viel schlimmer!" Wir steigerten uns immer weiter in dieses heikle Thema hinein: „Und die, die müsste man schon bei der Einreise verhaften!" Voller Begeisterung ließ er sich auf immer abenteuerlichere Behauptungen und Unterstellungen ein, in dem Glücksgefühl, endlich jemanden gefunden zu haben, der seine „braune" Einstellung teilt. Als ich der Ansicht war, dass ich das Spiel nun weit genug getrieben hatte, sah ich ihn nachdenklich an: „Hör mal", sagte ich daraufhin, „ich glaube, wir beide sind demnächst ziemlich alleine auf der Welt!" „Wieso das denn?", fragte er irritiert zurück. „Ganz einfach. Wir haben gerade allen anderen die Daseinsberechtigung abgesprochen." Und genau dies war auch geschehen. Ich hatte ihn in seiner Ansicht so weit befördert, dass nun außer uns beiden und ein paar engen Verwandten keiner mehr hier sein durfte! An dieser Stelle brummte er sich nur etwas in seinen Bart und murmelte: „Na gut. Dann bis demnächst."

Als ich ihn ein halbes Jahr später wieder traf, hatte er mittlerweile geheiratet. Eine Ausländerin! Ich wusste zufällig, dass genau diese Aus-

ländergruppe in diesem Jahr einen statistischen Spitzenplatz in einem recht häufigen Delikt belegte. Als ich ihm das vorsichtig zu verstehen gab, entgegnete er nur: „Lass mich doch mit diesem Unsinn in Ruhe!“

An dieser Stelle sehen wir, dass es mit rhetorischen Techniken nicht anders ist als mit den meisten physikalischen oder chemischen Techniken auch: Eine Technik ist an sich zunächst weder gut noch schlecht, es kommt vielmehr darauf an, was man damit macht! Offenbar hatte der drastische Misserfolg in dem Gespräch mit mir seine Nachdenklichkeit gefördert, sodass er den Kontakt mit Ausländern nunmehr zuließ und mittlerweile regelmäßig pflegte. Wie weit seine reizende, aber sehr resolute Frau ihm dann den Rest seiner Vorurteile noch ausgetrieben hat, weiß ich natürlich nicht!

Übung

1. Finden Sie mindestens fünf möglichst überzeugende Formulierungen zum Verschieben von Einwänden!
2. Kontern Sie bitte folgende (berechtigte) Einwände mit mindestens zwei der beschriebenen Techniken (Abschwächung, Interpretation, Herausgreifen eines Teils und Hinzufügen):
   a) „Für eine Beförderung bei Ihnen ist es doch noch viel zu früh!“
   b) „Ich glaube, Sie haben in Ihrer Beweisführung einen wesentlichen Punkt übersehen!“
   c) „Du hast das in den falschen Hals gekriegt. Ich wollte damit nicht sagen, dass du nicht Auto fahren kannst!“

Lösungsvorschläge

1. „Damit mein Vortrag verständlich bleibt, lassen Sie uns alle Fragen sammeln und am Ende des Vortrags beantworten."
   „Der Einwand ist durchaus berechtigt. Ich gehe aber im nächsten Punkt ohnehin darauf ein. Können wir ihn noch so lange zurückstellen?"
   „Weil wir zur Behandlung dieses Einwandes noch ein paar zusätzliche Informationen benötigen, lassen Sie ihn uns bitte an späterer Stelle behandeln."
   „Lassen Sie uns diesen Punkt doch nach der Pause behandeln. Dann sind wir alle wieder aufmerksamer."
   „Ich notiere mir Ihren Einwand, damit ich ihn nachher nicht vergesse. Vielen Dank!"
2. a) *Interpretieren:* „Verstehe ich Sie richtig, dass man hier nur nach Dauer der Firmenzugehörigkeit befördert wird?"
   Teilentkräften: „Aber Herr B. (der eine ganz andere Qualifikation hat) ist doch in dieser Zeit auch befördert worden!"
   Hinzufügen/Übertreiben: „Heißt das, dass ich mich hier X Jahre abrackern muss, ohne jemals eine Aussicht auf eine Beförderung zu haben?" Antwort: „Leider ist in Ihrem Bereich eine Beförderung vor dieser Zeit nicht möglich." *Hinzufügen / Übertreiben:* „Das bedeutet also, dass Leistung in dieser Firma überhaupt nicht anerkannt wird!"

   b) *Abschwächen:* „Also aus meiner Sicht ist das durchaus nicht so wesentlich."

Interpretieren: „Unter wesentlich verstehen Sie offenbar …"

Teilentkräften: „Auf dieses Thema bin ich doch beim vorangegangenen Punkt eingegangen!" (Sie haben es allerdings nur gestreift.)

Hinzufügen/Übertreiben: „Glauben Sie, dass ich noch weitere Faktoren übersehen habe?" Antwort: „Das kann schon sein." *Hinzufügen/Übertreiben*: „Das heißt, Sie wollen mir hier jede Kompetenz absprechen!" (Vorsicht: Machen Sie das nur, wenn Sie zu dem anderen eine leidlich gute Beziehung haben und daher davon ausgehen können, dass er diesen Schluss nicht beabsichtigt hat!)

c) *Interpretieren:* „Ich verstehe doch wohl richtig, wenn du damit sagen wolltest, ich sei ein unsicherer Fahrer?"
   Teilentkäften: „Auf jeden Fall hast du dich gerade über meine Fahrweise beschwert!"
   Hinzufügen/Übertreiben: „Aber meine Fahrweise gefällt dir nicht?" Antwort: „Du hast halt gerade ein Stoppschild nicht beachtet, das ist alles." *Hinzufügen/Übertreiben:* „Damit sagst du aber ganz klar, dass ich nicht aufmerksam genug fahre!" Antwort: „Nun ja, etwas mehr könntest du schon aufpassen." *Hinzufügen/Übertreiben:* „Offensichtlich zweifelst du an meinen fahrerischen Fähigkeiten!" usw.

Wenn ich die Argumente meines Gegners vorher kenne

Mit manchen Argumenten wird man regelmäßig immer wieder konfrontiert. Warum soll man diese nicht bereits vorher in die eigene Taktik aufnehmen und Einwände vorwegnehmen?

Diskussionen haben den Vorteil, dass sie einen zwingen, die eigene Meinung und Einstellung sprachlich so auszuformulieren, dass sie von anderen nachvollzogen werden kann. So mag es geschehen, dass auch die eigene Sicht der Dinge erst im Zuge der sprachlichen Auseinandersetzung mit anderen Menschen an Klarheit und Schärfe gewinnt und man auf diese Weise zu einer Art Selbsterkenntnis gelangt.

In der Folge zahlreicher Diskussionen lernt man aber nicht nur sich selbst, sondern auch seine Diskussionsgegner kennen, und man ahnt bestimmte Vorhaltungen darum schon voraus, lange bevor sie gemacht werden. Kann man auf diese Weise den zukünftigen Einwand des Gegners vorherbestimmen, so kann man ihn bereits bei der Präsentation der eigenen Gedanken berücksichtigen. Indem die zukünftige Aussage oder der erwartete Einwand des anderen vorweggenommen wird, wird dem Gegner die Möglichkeit genommen, seine eigene, möglicherweise viel überzeugendere Version seines Einwandes vorzubringen. Etwaige darauf folgende Versuche des Gegenübers, dieses Defizit zu beheben, kann man mit Hinweis darauf, dass man diesen Punkt bereits erörtert hat, niederschlagen, oder aber man

toleriert sie, wohl wissend, dass die restlichen Zuhörer derartigen Wiederholungen nur noch wenig Interesse entgegenbringen werden.
Geeignete Standardformulierungen sind:

- „Ich kann mir denken, wie Sie das sehen ..."
- „Sie werden mir wahrscheinlich entgegenhalten ..."
- „Ihre Einstellung ist vermutlich ..."

Den vorweggenommenen Einwand wird man selbstverständlich so formulieren, dass man ihn ohne große Schwierigkeiten widerlegen kann. Diese Widerlegung allerdings darf man bei den ebengenannten Formulierungen keineswegs schuldig bleiben. Man sollte also nicht jedes denkbare Gegenargument vorwegnehmen, weil man sich so schnell in Argumentationsnöte bringt und dem Gegner womöglich wertvolle Hinweise für gute Einwände vermittelt.
Natürlich wird diese Technik leicht durchschaut, und der Gesprächspartner hat nun das deutliche Gefühl, zu kurz gekommen zu sein. Wahrscheinlich wird er sich daraufhin zu Wort melden, um seinen Einwand nochmals mit eigenen Worten vorzutragen. Bei der heute fast überall vorherrschenden Zeitnot genügt aber nun ein gequälter Blick auf die Uhr, um ihn wie folgt zu tadeln: „Aber Herr Kollege, ich bitte Sie! Das haben wir doch längst erörtert! Für eine erneute Diskussion fehlt uns heute wirklich die Zeit!" Wer die Macht eines Vorgesetzten innehat, mag sich sogar zu folgendem Sprichwort hinreißen lassen: „Aber Herr Kollege, ich bitte Sie! Getretener Quark wird breit, nicht stark!"

Mit viel (schauspielerischem) Talent kann man ein weniger anspruchsvolles Publikum sogar ohne Argumentation zur Sache von der Unbrauchbarkeit der vorweggenommenen Einwände überzeugen. Die eigentliche Behandlung des Einwandes geschieht hier auf der eher emotionalen Ebene des Gesprächs, etwa mit folgender Bemerkung:

„Die meisten sind leider der Meinung …"

Gemeint und verstanden (aber nicht explizit ausgesprochen) wird hier, je nach Betonung und Umfeld der Diskussion:

„Die Mehrheit ist ohnehin dumm und jeder, der diese Ansicht vertritt, gehört dazu."

Gänzlich in den Bereich der unfairen Dialektik gehören Äußerungen wie

„An dieser Stelle kommt immer der gleiche Einwand …"

verknüpft mit einem Gesicht wie bei einem Migräneanfall und der Erklärung, dass es einem zu dumm ist, darauf noch einzugehen, weil man ihn schon hundertmal widerlegt hat.

Wenn der andere unfair wird und mich angreift

Wie verhält man sich am besten, wenn der Gesprächspartner unfair und unsachlich wird, sei es mit oder ohne Absicht? Lohnt es sich hier in jedem Falle sachlich zu bleiben und wie kontert man schlagfertig eine sogenannte Killerphrase?

Killerphrasen sind der Gipfel der unfairen Dialektik, es sind Sätze der Abwehr, der Ablehnung und Herabsetzung, die keinerlei konstruktiven Beitrag leisten und jeden Gesprächsfortschritt bereits im Keim ersticken. Killerphrasen zielen stets auf die Person und nicht auf die Sache, sie sind also ein Angriff auf der emotionalen Ebene der Kommunikation; eine Abwehr auf der sachlichen Ebene ist daher, wie wir gleich sehen werden, kaum möglich. In solchen Fällen versagt also der gängige Ratschlag, man solle in Konfliktsituationen stets sachlich bleiben.

Häufig gebrauchte Killerphrasen sind zum Beispiel:

- „Das geht sowieso nicht!"
- „Das haben wir noch nie so gemacht!"
- „Das haben wir schon immer so gemacht!"
- „Wenn das ginge, hätte es schon längst jemand anders so gemacht!"
- „Das ist grundsätzlich richtig, aber bei uns nicht anwendbar!"
- „Dazu fehlt uns die Zeit."
- „Sind Sie überhaupt kompetent?"
- „Haben Sie überhaupt Abitur?"
- „Das haben schon fähigere Leute (als Sie) nicht lösen können!"
- „Das ist doch bloße Theorie!"
- „Das geht uns nichts an."
- „Das ist doch längst überholt!"
- „Das hat Prof. X längst geklärt!"

- „Das können Sie schwarz auf weiß nachlesen!"
- „An Ihrer Stelle würde ich das auch behaupten!"
- „Wir haben da so unsere Grundsätze …"

Da der Angriff auf der emotionalen Ebene stattfindet, ist es oft nicht angebracht, sich gegen Killerphrasen in einer sachlichen Form zu verteidigen, gelegentlich kann das sogar üble Folgen für den Verteidiger haben. Schon Schopenhauer sagte in seiner Dialektik: „Man würde sich sehr irren, wenn man meint, es sei hinreichend, selbst nicht persönlich zu werden."

Nehmen wir an, jemand konfrontiert Sie mit der Killerphrase „Sind Sie überhaupt kompetent?" Natürlich könnten Sie jetzt arrogant mit einer weiteren Killerphrase antworten: „Im Verhältnis zu Ihnen schon." Damit würde der Konflikt auf schnellstem Wege eskalieren. In dem redlichen Bemühen, dem unsachlichen Angreifer sachlich zu begegnen, versuchen Sie hingegen zu beweisen, dass Sie tatsächlich kompetent sind. Zu diesem Zweck müssen Sie aber Ihre persönlichen Fähigkeiten und Erfahrungen offenbaren, kurzum, Sie müssen etwas Gutes zu Ihrer eigenen Person sagen. Ihr Angreifer hört sich das alles interessiert an, um schließlich kühl und distanziert zu entgegnen: „Nachdem sich mein Vorredner derart beweihräuchert hat, können wir ja mal wieder zur Sache kommen!" Urplötzlich ist man also selbst in der Position dessen, der den Tugendpfad der Sachlichkeit verlassen haben soll.

Schlagfertige Konter

Es verspricht deshalb mehr Erfolg, wenn man Killerphrasen entweder mit Schlagfertigkeit und Witz begegnet oder aber mit dem Hinweis, dass es sich hier um Killerphrasen handelt, auf die man nicht weiter reagieren wird. Man sagt also zum Beispiel: „Bitte werden Sie nicht persönlich!“ oder ausdrücklich: „Bitte lassen Sie die Killerphrasen!“ In dem zweiten Konter gibt es rein logisch nur zwei Möglichkeiten: Entweder Ihr Gegner kennt den Ausdruck „Killerphrase“ und wird darum hoffentlich – in der Erkenntnis, dass er „ertappt“ ist – damit aufhören, oder aber er kennt diesen Ausdruck nicht. Das ist dann aber nicht Ihr Problem, zugeben wird er das kaum!

Man kann die feindselige Äußerung auch durch eine geeignete Frage als Killerphrase kennzeichnen, etwa so: „Wollen Sie die Diskussion jetzt lieber auf einer persönlichen oder auf einer sachlichen Ebene weiterführen?“ Der Hinweis darauf, dass der andere nicht persönlich werden soll oder dass eine Äußerung eine Killerphrase ist, ist allerdings selbst eine Killerphrase. Das erkennt man recht gut, wenn man sich einmal vor Augen hält, wie wohl ein eher freundlich gestimmter Diskussionspartner reagieren würde, wenn man ihm auf eine durchaus ernst zu nehmende Äußerung entgegnen würde: „Lassen Sie doch bitte diese Killerphrase, Herr Kollege!“

Sollte der andere jedoch zuvor wirklich eine Killerphrase benutzt haben, so darf man in diesem Falle getrost mit gleichen Mitteln zurückschlagen. Manchmal ist das ganz heilsam, insbesondere wenn der Gesprächspartner sich gar nicht bewusst ist, dass er mit Killerphrasen arbeitet.

Als ich einmal ein Führungsseminar in einem osteuropäischen Land gab, das dafür bekannt ist, dass es bereits in der kommunistischen Vergangenheit gern – und erfolgreich – westliches Wirtschaftsgebahren kopierte, hielten mir die Seminarteilnehmer (alles hochkarätige Unternehmenschefs) entgegen, dass meine Vorstellungen ja in Deutschland gut umzusetzen seien, aber in ihrem Land sei das eben ganz anders und daher nicht umzusetzen. Etwas verärgert entgegnete ich darauf: „Wissen Sie, diesen Unsinn muss ich mir in deutschen Unternehmen auch ständig anhören. Damit können Sie jede Veränderung seit der Steinzeit erfolgreich blockieren!" Die Wirkung dieses Ausbruchs war auch für mich verblüffend. Von den insgesamt sechs eingesetzten deutschen Referenten bekam ich zum Abschluss von den Teilnehmern des Seminars die beste Note! Und in der Tat muss ich mir derartige Killerphrasen auch in Deutschland regelmäßig anhören. Als ich zum wiederholten Mal mit dem bemerkenswerten Spruch „das mag ja woanders gehen, aber nicht bei uns" konfrontiert wurde, schlug ich gleichermaßen zurück: „Wenn Sie sich nur halb so viel Mühe geben würden, zu überlegen, wie Sie die Dinge bei sich ändern können, wie Sie jetzt gerade darauf verschwenden mir zu zeigen, warum es nicht geht, dann würde es garantiert gelingen!"

Auch gegen die häufig benutzte Killerphrase „Das mag ja in der Theorie stimmen, ist aber in der Praxis falsch (oder: nicht anwendbar)" gibt es einen schlagfertigen Konter. Dazu muss man etwa einmal bei den deutschen Philosophen nachschlagen. Hegel entgegnete darauf einfach (sinngemäß): „Pech für die Praxis." Überzeugender finde ich aber eine Einlassung von Schopenhauer, die er selbst in seiner Eristischen Dialektik als „Kunstgriff" bezeichnet: „Jene Behauptung setzt eine Unmöglichkeit. Was in der Theorie richtig ist, muss auch in der Praxis zutreffen: Trifft es nicht zu, so liegt ein Fehler in der Theorie, irgendetwas ist übersehn ... worden, folglich ist's auch in der Theorie falsch."

Übung

Versuchen Sie die folgenden Killerphrasen entweder dadurch zu kontern, dass Sie sie a) als Killerphrase kennzeichnen oder b) mit einer angemessenen Killerphrase beantworten.

1. „Das haben wir noch nie so gemacht!"
2. „Das haben wir schon immer so gemacht!"
3. „Das können Sie doch gar nicht beurteilen!"
4. „Das haben schon fähigere Leute (als Sie) nicht lösen können!"
5. „Das ist doch alter Wein in jungen Schläuchen!"
6. „Das hat Prof. X längst geklärt!"
7. „Das können Sie schwarz auf weiß nachlesen!"

Lösungsvorschläge

1. Antwort a: „Das ist doch kein sachliches Argument, um es nicht wenigstens zu versuchen!"
   Antwort b: „Dann wird es aber höchste Zeit, dass wir es machen!"

2. Antwort a: „Das ist doch wohl kein vernünftiger Grund, immer so zu verfahren!"
   Antwort b: „Wir müssen unsere Fehler ja nicht jedes Jahr wiederholen!"
3. Antwort a: „Bitte werden Sie nicht beleidigend! Sie werden sehen, dass ich das durchaus kann!"
   Antwort b: „Ich glaube kaum, dass Sie mich gut genug kennen, um zu wissen, was ich beurteilen kann!"
4. Antwort a: „Bitte werden Sie nicht persönlich! Auf solche Bemerkungen gehe ich nicht ein, sondern ich kümmere mich lieber konstruktiv um die Lösung des Problems."
   Antwort b: „Das zeigt nur, dass diese Leute so fähig nicht sein können!" oder: „Das sehen fähigere Leute als Sie anders!"
5. Antwort a: „Selbst wenn es so wäre, wollen Sie damit pauschal alles, was früher gemacht wurde, für falsch erklären?"
   Antwort b: „Ich trinke lieber guten alten Wein aus jungen Schläuchen als jungen Wein aus alten Schläuchen."
6. Antwort a: „Wollen Sie nur mit einem Professorentitel alles beweisen?"
   Antwort b: „Von diesem Professor habe ich bisher aber nicht viel Gutes gehört!"
7. Antwort a: „Das ist ja wohl kein Argument!"
   Antwort b: „Papier ist geduldig!"

Sie können an diesen Beispielen erkennen, dass man die Antworten a und b durchaus in dieser Reihenfolge mitei-

nander kombinieren und damit die Schlagkraft des Konters erhöhen kann. Wenn man zunächst einmal die Kennzeichnung als Killerphrase vornimmt, kann man diese danach mit der Überleitung „im Übrigen ..." mit der eigenen Killerphrase krönen.
Erlauben Sie mir an dieser Stelle noch eine abschließende Warnung: Sollten Sie einmal mit einer Killerphrase konfrontiert werden, zu der Ihnen weder eine geschickte Frage noch ein schlagfertiger Konter einfällt, dann sagen Sie lieber nichts, als dass Sie etwas Falsches sagen! Es ist immer noch besser, eine Unverschämtheit einfach zu ignorieren als sich durch eine verlegene und ungeschickte Äußerung an den Rand des rhetorischen Abgrundes zu manövrieren.

Was ist eigentlich „offensichtlich"?

Sehr häufig wird sowohl in der Wissenschaft als auch in der alltäglichen Argumentation mit offensichtlichen Erkenntnissen gearbeitet. Das Offensichtliche ist aber nicht immer das Wahrhaftige! Lernen Sie, sich gegen die Tücken der Evidenz zur Wehr zu setzen!

Ob man sie als „anschauliche Gewissheit" (Immanuel Kant) oder als „Selbstgegebenheit" (Edmund Husserl) betrachtet, die Evidenz ist eine Art Wahrheitskriterium für solche Behauptungen, die man (angeblich) nicht weiter zurückführen oder hinterfragen kann. In der Rhetorik interessiert weniger die objektive Evidenz, in der sich zum Beispiel in

der Wissenschaft eine Wahrheit oder ein Sachverhalt als solche(r) unzweifelbar „zeigt". Es geht vielmehr um die alltägliche, subjektive oder psychologische Evidenz, die sich in einem „Gefühl des Überzeugtseins" ausdrückt. Obwohl wir in der Evidenz eine Einsicht ohne methodische Vermittlungen vor uns haben, ist sie eine der wesentlichen Säulen unseres Argumentierens und als solche selbst Methode.
So berufen wir uns in Wissenschaft und Alltag also beständig auf „evidente" Sätze, auf „offensichtliche" und „selbstverständliche" Einsichten, ohne den eigentlichen Charakter dieser Einsichten jemals beweisen zu können. Vielleicht ist es diese verwirrende Situation, die die Berufung auf Evidenz innerhalb einer Diskussion häufig so erfolgreich macht. So finden wir hier suggestive Einleitungen wie:

- es ist vollkommen klar, dass …
- wie jeder weiß, …
- es ist offensichtlich, dass …
- ohne jeden Zweifel ist …

In erster Linie handelt es sich hier um behauptete Evidenzen, aber wie will man den Streit darüber, was nun „wirklich" evident ist, entscheiden? Wer wird sich darüber hinaus zu Wort melden, um zuzugeben, dass er etwas nicht einsieht, was „evident", „offensichtlich" und „vollkommen klar" ist? Einer meiner früheren Mathematikprofessoren pflegte die umfangreichen Beweise mancher mathematischen Lehrsätze abzukürzen, indem er lediglich die Voraussetzungen an die Tafel schrieb, um dann mit dem Kürzel „wmls"

(„wie man leicht sieht") das Endergebnis hinzuschreiben. Bis auf einige wenige Talente haben wir Studenten in der Regel zunächst einmal nichts verstanden, aber wer traut sich schon, vor allen anderen zuzugeben, dass er etwas nicht versteht, was man (das heißt möglicherweise jeder andere) ganz leicht einsehen kann?

Aus dieser psychologischen Situation lässt sich die Regel ableiten, dass das Gelingen dieser Technik bei einem Vortrag oder einer Diskussion umso wahrscheinlicher ist, je mehr Zuhörer sich in dem jeweiligen Raum befinden. Bei der Anwesenheit vieler Zuhörer wird der Druck, vielleicht der Einzige oder einer von ganz wenigen zu sein, die sich einer evidenten Einsicht versperren, besonders spürbar, und die Hemmungen, sich überhaupt zu äußern und zusätzlich womöglich ein Unvermögen einzugestehen, werden besonders stark. In einer Mathematikvorlesung mag dieser Umstand zu verschmerzen sein, zumal die Evidenz bei der Herkunft vieler mathematischen Axiome sicherlich eine Rolle spielt, in einer politischen oder sonst für die praktische Lebensbewältigung bedeutsamen Diskussion gerät er mitunter zum Ärgernis. Hier wird mancher Zuhörer zum Mitläufer, der, wenn sich die Zeiten ändern, in Begründungsnotstand für sein Verhalten kommt.

Dem Druck einer nachdrücklich behaupteten und von der Mehrheit der Mitmenschen nicht widersprochenen Klarheit und Evidenz kann man sich etwa mithilfe einer philosophischen Lebenseinstellung widersetzen, die der Skepsis einen hinreichend großen Platz einräumt. So beginnt

Bertrand Russell sein Buch „Skepsis" mit folgender „Doktrin": „Es ist nicht wünschenswert, an eine Behauptung zu glauben, wenn kein Grund vorliegt, sie für wahr zu halten." In einem bissigen Nachsatz räumt Russell allerdings die negativen Folgen einer solchen Doktrin ein, da „... sie sich nachteilig auf das Einkommen von Hellsehern, Buchmachern, Bischöfen und anderen auswirken würde, die von den unvernünftigen Hoffnungen von Leuten leben, die nichts geleistet haben, womit sie in diesem Leben glücklich oder im künftigen selig zu werden verdienten."
Das eigentliche Problem ist jedoch weniger die Skepsis selbst als vielmehr der Mut, ihr auch Ausdruck zu verleihen. Wenn ich etwas angeblich Offensichtliches nicht verstanden habe, gebe ich das auch (öffentlich) zu? Der schlagfertige Konter auf eine evidente Behauptung wird noch dadurch erschwert, dass diese Behauptung ja durchaus wahr sein kann und dass ich sie deshalb nicht blindlings angreifen sollte. Ich will lediglich meinem Zweifel auf eine Weise Ausdruck verleihen, der mich nicht vor allen anderen Zuhörern als völlig begriffsstutzig dastehen lässt. Man wird also in vielen Fällen nicht einfach sagen „Das verstehe ich nicht", sondern man wird seinen Zweifel und gegebenenfalls auch sein Unverständnis in eine gute Verständnisfrage „einpacken", die oftmals über die eigentliche Behauptung hinausgehen sollte.

Übung

Wie würden Sie folgende angeblich evidente Behauptungen skeptisch kontern, wenn Sie *nicht* die nötige Fachkenntnis haben, um sie in der Sache zu beurteilen?

1. „Wie jeder weiß, ist das Auto der größte Feind unserer Umwelt.“
2. „Es ist doch offensichtlich, dass das heutige Fernsehen unsere Jugend verdummt.“
3. „Wie wir alle aus der Relativitätstheorie wissen, kann die Lichtgeschwindigkeit nicht überschritten werden.“

Lösungsvorschläge

1. „Ich denke, dass wir alle wissen, dass das Auto unsere Umwelt erheblich belastet. Könnten Sie uns bitte erläutern, warum alle anderen Faktoren wie zum Beispiel die Industrie aus Ihrer Sicht offenbar von untergeordneter Bedeutung sind?“
   Erklärung: Sie kontern in diesem Beispiel quasi „um die Ecke“, das heißt, Sie zweifeln nicht die Behauptung selbst an, sondern die sehr viel kompliziertere Konsequenz dieser Behauptung. Und dass Sie nicht wissen können, welche Umweltbelastungen Kraftwerke, Industrien, Haushalte und andere „Verschmutzer“ erzeugen, wird man Ihnen eher nachsehen, als wenn Sie sagen würden: „Das verstehe ich nicht, ist das Auto wirklich so schlimm?“
2. „Sind Sie wirklich der Meinung, dass unsere Jugend heute dümmer ist als früher?“

Erklärung: Sie bezweifeln hier weniger die fragliche Behauptung selbst als ihre Voraussetzung. Es mag ja sein, dass viele Jugendliche durch viel Fernsehen nicht unbedingt klüger werden, die allgemeine Tendenz einer Verdummung ist jedoch eine sehr viel gewagtere Behauptung.

3. „Ich habe zwar gelernt, dass dies eine Konsequenz der Relativitätstheorie sein soll, aber könnten Sie dies nochmals kurz erläutern?"
   Erklärung: In diesem Falle können Sie auf vorsichtige Weise eingestehen, dass Sie in der Tat nicht verstehen, worum es geht, denn damit sind Sie, wenn Sie nicht von lauter Physikern umgeben sind, in guter Gesellschaft. Sollten Sie mit der nun folgenden Erklärung etwas anfangen können, können Sie sich ja immer noch überzeugen lassen oder die Erklärung ablehnen oder die Hoffnung aufgeben, in diesem Leben die Relativitätstheorie zu verstehen.

Wenn ich mit einem kurzen Statement überzeugen muss

Mit der Fünfsatztechnik erlernen Sie eine einfache, klare und überzeugende Struktur zum Aufbau eines kurzen Statements. In ähnlicher Weise können Sie mit dieser Technik überzeugend auf Angriffe reagieren.

Der Anschein des Offensichtlichen kann unabhängig von Evidenzbehauptungen wie „Es ist doch offensichtlich, dass

…" auch allein durch einen logisch wirkenden und einprägsamen Aufbau der Argumentation hervorgerufen werden. Die Hoffnung, Argumentationsfiguren zu finden, die – möglichst unabhängig vom besprochenen Inhalt – überzeugen, ist darum nicht ganz unbegründet, wenngleich vor allem Vertreter der „reinen" Wissenschaft mit solch einfachen Instrumenten oder Rezepten ihre Bauchschmerzen haben. Dennoch sind Argumentationsschemata in heutigen Rhetorikkursen sehr beliebt, geben sie doch dem rhetorischen Laien eine Chance, auch ohne große Ausbildung Sätze von sich zu geben, die sich leidlich vernünftig und überzeugend anhören. Es ist eben die Frage, ob die am sprachlichen Erfolg ausgerichtete Rhetorikausbildung tatsächlich so hehre Ziele verfolgen kann und soll, wie die des antiken *orator perfectus*, des perfekten Redners, der neben einer tadellosen Sprachbeherrschung eine ebenso tadellose Gesinnung und Bildung mitbringt.
Sicherlich haben die akademischen Rhetoriker recht, dass derartig schematische Verfahren nicht die hohe Schule der Rhetorik darstellen, aus rein pragmatischer (zweckgerichteter) Sicht ist es aber zweifellos förderlich, solche Techniken zumindest zu kennen, vielleicht aber auch zu beherrschen.
Dies ist auch der Grund, warum ich abweichend von vielen anderen Autoren der Fünfsatztechnik keinen eigenen Platz als „seriöse" oder „rationale" Technik einräume, wenngleich sie sicherlich nicht so suggestiv und unsachlich ist wie der moralische Appell oder andere in diesem Kapitel vorgestellte Techniken. Obwohl ich die Fünfsatztechnik

sehr schätze und in meinen Seminaren gute Erfolge damit habe, lege ich Wert auf die Feststellung, dass eine Argumentation, die einem dialektischen oder zumeist nur vermeintlich kausalen Zusammenhang folgt, nicht deshalb schon logisch ist, weil sie logisch aussieht. Dazu verweise ich auf das Kapitel zur Logik.

Darum werden wir nun, die eben dargestellte Kritik ohne Ablehnung zur Kenntnis nehmend, dennoch einen kurzen Blick auf zumindest zwei der gängigsten Fünfsatztechniken werfen.

Der erste Schritt des Fünfsatzes dient dazu, die Aufmerksamkeit des Gesprächspartners zu erringen, sie ist zumeist ein auf die jeweilige Situation bezogener, aktueller Einstieg in das Thema, etwa mit Äußerungen wie:

- „Worauf aber noch nicht eingegangen wurde …"
- „Im Grunde schließe ich mich Ihnen an …"
- „Ich möchte zum Thema verkehrsfreie Innenstädte folgende Ausführung machen …"

Die folgenden drei Schritte dienen der „Beweisführung". Diese gehorcht in der Regel nicht den Gesetzen der strengen oder formalen Logik, wenngleich sie sich häufig in ein logisches Gewand kleidet. Tatsächlich steht hier allerdings die im vorigen Abschnitt erwähnte *Evidenz* im Vordergrund.

Der dialektische Fünfsatz

Dazu werden zum Beispiel im Sinne einer dialektischen Argumentation Vor- und Nachteile aufgeführt und abgewogen und schließlich in einer Synthese zusammengefasst. Wer nicht dialektisch vorgehen mag, also nicht These und Antithese, Pro und Contra gegeneinander antreten lässt, wird anstelle der Antithese vielleicht Beispiele anführen, die seine Eingangsbehauptung stützen. Statt der Synthese bildet er dann lediglich ein Fazit.

Die Gefahr beim dialektischen Fünfsatz besteht in der Tat darin, dass man unbeabsichtigt auch Argumente aufführt, die die eigene Synthese unglaubwürdig erscheinen lassen. Der Vorteil ist allerdings, dass bei gelungener Anwendung das abschließende Urteil „ausgewogen" erscheint.

In ähnlich überzeugender Weise könnte der zweite Satz eine Analyse der Ursachen, der dritte eine Bestimmung des Ziels und der vierte eine Erklärung der Maßnahmen sein, wie wir es im Anschluss beim kausalen Fünfsatz sehen werden. Der fünfte Satz ist in jedem Falle ein Appell an den oder die Zuhörer.

Der dialektische Fünfsatz sieht demnach folgendermaßen aus:

1. Vorstellen des Themas
2. These: Argumente für etwas
3. Antithese: Argumente *gegen* etwas
4. Synthese/Urteil
5. Appell

Es wäre wahrscheinlich realitätsfern zu behaupten, dass man in der alltäglichen Praxis die Synthese nicht schon in Form der eigenen Meinung mitbrächte, das heißt, man weiß in der Regel schon vorher, welches Ziel man mit seiner

Argumentation ansteuern möchte. Die Auseinandersetzung mit dem Pro und Contra lässt die abschließende Meinung jedoch als ausgewogen und überlegt erscheinen, wobei die Redlichkeit oder Objektivität dieser Auseinandersetzung zwangsläufig der Wahrheitsliebe des Sprechers überlassen bleibt. Es mag ganz am Rande die Bemerkung erlaubt sein, dass man sich unter Umständen selbst keinen Gefallen tut, wenn man die Waage bereits abliest, bevor man sämtliche Gewichte aufgelegt hat.

Konkret kann der dialektische Fünfsatz zum Beispiel folgenden Aufbau haben:

1. „Wir müssen ein Konzept für den Autoverkehr in den Innenstädten entwickeln."
2. „Für einen uneingeschränkten Autoverkehr spricht …"
3. „Für autofreie Innenstädte muss hingegen angeführt werden …"
4. „Daraus kann man nur den Schluss ziehen, dass …"
5. „Daher meine Empfehlung …"

Ein kleiner psychologischer Kniff soll an dieser Stelle nicht verschwiegen werden. Wer vorab schon weiß, wohin er in der Synthese steuern wird, der sollte sich die Reihenfolge der Punkte 2 und 3 wohl überlegen. In dem obigen Beispiel ist diese Reihenfolge zum Beispiel richtig, wenn ich letztlich in der Tendenz auf autofreie Innenstädte hinaus will. Wer hingegen abschließend das Motto „Freie Fahrt für freie Bürger" verkünden will, der sollte die Inhalte unter 2 und 3 vertauschen, um möglichst keinen Bruch zwischen dem dritten und vierten Schritt sichtbar zu machen. Hinzu kommt, dass die meisten Zuhörer ein miserables Kurzzeitgedächtnis haben. Sie können sich bei Punkt 4 gerade noch an meine Ausführungen zu 3 erinnern, nicht mehr aber an die Details zu 2.

Schlagfertig kontern mit dem dialektischen Fünfsatz

Der dialektische Fünfsatz eignet sich nicht nur für Vorträge, sondern auch für den schlagfertigen Konter in kritischen Situationen.

Angriff: „Sie haben als Projektleiter versagt!“

1. „Wir hatten mit Projekten dieser Art noch keinerlei Erfahrung und waren daher zeitweilig in einer Experimentierphase.“
2. „Das lange vor Projektbeginn am grünen Tisch definierte Ziel konnte zwar von uns nicht erreicht werden.“
3. „Die Praxis erforderte von uns die Neudefinition eines realistischen und praktikablen Zieles.“
4. „Dieses Ziel haben wir auch ganz klar erreicht.“
5. „Aus diesem Grund können Sie mir nun wirklich kein Versagen vorwerfen.“

Anmerkung So überzeugend der dialektische Fünfsatz sein mag, weil das abschließende Urteil ausgewogen und bedacht erscheint, so muss man sich doch darüber im Klaren sein, dass man sich bei einer dialektischen Argumentation rhetorisch zunächst in mehrere Richtungen bewegt, bevor man in der Synthese die eine bevorzugte Richtung ein-

schlägt. Das birgt natürlich stets die Gefahr, dass der Zuhörer, der ja bei dieser Technik geradezu mit der Nase darauf gestoßen wird, dass es mehr als eine Sicht der Dinge gibt, mir auf meinem Weg nicht folgt, sondern im schlimmsten Falle von mir „auf dumme Gedanken" gebracht wird.
So gebe ich in dem Beispiel des schlagfertigen Konters auf den Vorwurf, versagt zu haben, zunächst zu, dass ich das ursprüngliche Ziel in der Tat nicht erreicht habe. Ich kann dann nur hoffen, dass mein Gesprächspartner mir den Anstand erweist, mir bei meinen restlichen Ausführungen mit der gleichen Aufmerksamkeit zuzuhören.

Der kausale Fünfsatz

Statt einer dialektischen eignet sich auch eine kausale Argumentation für den Fünfsatz. Im Gegensatz zum dialektischen Aufbau verläuft die Argumentationsstruktur im ersten Teil des Fünfsatzes „geradlinig" und zwar vom Istzustand über die Analyse der Ursache zur Bestimmung des Zieles. Die Mittel und Wege zur Erreichung des Zieles münden dann quasi automatisch in den entsprechenden Appell.
Das sieht zum Beispiel so aus:

1. Istanalyse, Stand des Problems
2. Analyse der Ursachen
3. Bestimmung des Zieles
4. Erläuterung der Maßnahmen/Lösung
5. Appell

Am praktischen Beispiel:

1. „Wir stehen vor einer ständigen Erwärmung der Erdatmosphäre."
2. „Dies liegt nach unseren bisherigen Erkenntnissen an …"
3. „Unser Ziel ist jedenfalls der Schutz unserer Umwelt."
4. „Dazu sind folgende Schritte erforderlich …"
5. „Ich fordere deshalb uns alle auf …"

Schlagfertig kontern mit dem kausalen Fünfsatz

Angriff (nach einem Autounfall): „Sie haben Ihren Führerschein wohl im Preisausschreiben gewonnen?"

1. „Wir stehen hier mitten auf der Kreuzung, weil wir einen Autounfall hatten."
2. „Sie behaupten, ich hätte ohne Grund abrupt gebremst. Ich meine, Sie sind zu dicht aufgefahren."
3. „Wir möchten beide nicht den ganzen Nachmittag hier auf der Kreuzung verbringen."
4. „Also werden wir zur Klärung der Sachlage jetzt die Polizei rufen."
5. „Ich bitte Sie, sich bis dahin zu beherrschen und mich nicht weiter zu beschimpfen."

Der Fünfsatz, in welcher Form auch immer, zwingt offenbar das Denken und die Argumentation des Sprechers auf eine recht enge Bahn. Dies mag, wie in den eingangs dieses Abschnitts erwähnten Kritiken ausgeführt, Nachteile haben, die Vorteile allerdings bestehen eindeutig darin, dass man eine nachvollziehbare und überzeugende Struktur hat, mit der einem so schnell nicht der rote Faden abhanden kommt. Hinzu kommt, dass der abschließende Appell für eine recht eindeutige und verständliche Kommunikationssituation sorgt, das heißt, meine Zuhörer wissen hinreichend genau, was ich von ihnen will.

Übungsvorschläge

Versuchen Sie mit einer Fünfsatztechnik Ihrer Wahl ein kurzes Statement zu folgenden (Reiz)-Themen zu halten:

1. Rauchverbot in allen Restaurants
2. Verdoppelung des Benzinpreises
3. Verringerung (oder Aufstockung) des Militärhaushalts
4. Helmpflicht für Fahrradfahrer
5. Nullpromillegrenze für Autofahrer

Lassen Sie sich dabei möglichst von einem Partner kontrollieren. Dazu kann folgende Checkliste hilfreich sein:

Checkliste für die Wahrnehmung von Wirkungen einer Rede

1. Wie war der Inhalt der Rede? (Informationsumfang)
2. Wie hat der Redner die Rede aufgebaut? (Logik, Gliederung, Einhaltung der Fünfsatztechnik)
3. Wie hat der Redner seine Zuhörer angesprochen? (Motivation)
4. Wie ist der Redner aufgetreten? (Persönlichkeit, Ausstrahlung)
5. Wie hat die Rede auf mich gewirkt?

Versuchen Sie mithilfe einer Fünfsatztechnik Ihrer Wahl auf folgende Angriffe schlagfertig zu kontern:

1. „Sie haben das Monats- (Quartals-)Ziel unserer Abteilung nicht erreicht!"
2. „Ich glaube, Sie haben zehn Daumen an Ihren Händen!"
3. „Sie arbeiten entschieden zu langsam!"

Unverbindliche Hinweise (nur lesen, wenn Ihnen nichts einfallen will!):

1. Hier kann man ähnlich vorgehen wie in unserem Konterbeispiel zum dialektischen Fünfsatz.
2. Hier muss man zunächst einmal definieren, was mit dem Vorwurf überhaupt gemeint ist, etwa: „Es ist richtig, dass ich mit dem neuen Werkzeug/dem neuen PC noch nicht so gut umgehen kann wie mit den alten Geräten." Analysieren Sie sodann die Ursachen (fehlende Übung usw.), bestimmen Sie das Ziel (geschickter zu werden), bestimmen Sie die Mittel zur Erreichung dieses Ziels (mehr Übung/Unterweisung) und enden Sie mit einem Appell (etwa indem Sie eine Schulung fordern).
3. Bei diesem sehr häufigen Vorwurf kann man gut dialektisch mit dem Widerspruch von Arbeitsgeschwindigkeit und Arbeitsqualität argumentieren.

Das schlechte Gewissen meines Zuhörers ansprechen

Der moralische Appell ist eine Technik, die durch suggestive Ansprache des Gewissens eine rationale Argumentation untergräbt. In diesem Abschnitt lernen Sie verschiedene Formen dieses Appells kennen und wie man sich dagegen wehren kann.

Der moralische Appell ist eine Form der (Pseudo-)Argumentation, die sich noch wesentlich deutlicher und unverhohlener von den Methoden einer rational geführten Diskussion abgrenzt als der Appell an Evidenzen oder der Gebrauch der Fünfsatztechnik. Er wendet sich ganz offensichtlich nicht an den Verstand, sieht diesen womöglich eher als Gegner, sondern zielt auf eine nicht minder mächtige Instanz, nämlich auf das *Gewissen* des Zuhörers, welches in der psychoanalytischen Literatur nach Sigmund Freud auch als *Über-Ich* bezeichnet wird, was seinen emotionalen und autoritären Charakter schon vom Wort her enthüllt. Um das Gewissen anzusprechen, enthält der moralische Appell einleitende Formulierungen wie

- „Wir müssen doch jedem das Recht einräumen, …"
- „Sie können doch nicht …"
- „Aber ich bitte Sie …"
- „Man kann doch nur …"

Profis unter den moralisierenden Rhetorikern vermögen diesen Appell an das Gewissen zunächst zu verbergen, indem sie erst nach und nach enthüllen, wie schlecht man sich mit der eigenen Meinung eigentlich fühlen sollte. Der Trick besteht also darin, seinen Gegner so weit zu bringen, dass er sich selbst für seine geäußerte Ansicht tadelt, zumindest aber darin, ihm glaubhaft darzulegen, dass die Gemeinschaft, der er sich zurechnet, ihn für diese Ansicht tadeln würde, wenn er die Frechheit besäße, sie auch zukünftig aufrecht zu erhalten. Diese Technik lohnt insbesondere, wenn sie dem anderen die Möglichkeit bietet, sich moralisch besser zu fühlen, indem er sich dem Diktat des vorgestellten Gemeingewissens unterwerfen kann. Alles andere erzeugt nur das verzweifelte Bemühen des Angegriffenen, sich moralisch zu rechtfertigen, oder endet mit dem für einen echten Moralisten ebenfalls unbefriedigenden Ausscheiden des Unbekehrbaren aus der Gemeinschaft. Letzteres ist nämlich nur dann akzeptabel, wenn man darauf verweisen kann, dass der andere den rechten Weg trotz intensiver Hilfestellung verfehlt hat, „ihm eben nicht mehr zu helfen ist."

Noch sicherer freilich ist die Verwendung des moralischen Appells, wenn man sich zuvor auf die moralischen Werte, die man später gegen seinen Diskussionspartner einsetzen will, mit diesem geeinigt hat. Dazu eignen sich ganz gut Suggestivfragen wie

- „Sie sind doch sicherlich genau wie ich der Meinung, dass die freie Meinungsäußerung eines unserer höchsten Güter darstellt?"
- „Sagen Sie selbst, gibt es etwas Wichtigeres als unsere Gesundheit?"

Wenn Sie sich mit einem solchen moralischen Appell nicht gleich etwa das Rauchen oder Kaffeetrinken in der Pause verbieten lassen wollen, müssen Sie hier rechtzeitig zum Beispiel mit der Ja-aber-Taktik kontern und den eben genannten moralischen Wert einfach überbieten: „Ja, die Gesundheit ist sehr wichtig, aber ich finde das Recht auf freie Selbstbestimmung ist mindestens ebenso hoch anzusetzen."

Es ist ansonsten äußerst schwierig, eine Ansicht oder ein Verhalten aufrecht zu erhalten, wenn diese(s) den „gemeinsamen" ethischen Vorstellungen widerspricht.

Boshafte Diskutanten unterlaufen solche Techniken, indem sie auf sophistische Weise diese Grundlage des moralischen Appells anzweifeln.

Als mich eines Tages ein Mitglied einer Sekte auf der Straße ansprach, begann er die Diskussion mit der rhetorisch gar nicht so üblen Frage: „Willst du glücklich werden?" Zu seinem offenkundigen Entsetzen beantwortete ich bereits diese Gesprächseröffnung mit einem klaren „Nein" (wie ich zugebe, aus rein taktischen Gründen) und nahm ihm damit jegliche Möglichkeit, mir nun über den moralischen Appell den Weg zu einem Ziel zu zeigen, von dem er sicherlich (und wohl zurecht) annahm, es sei das Ziel eines jeden Menschen. Folgerichtig bestand sein nächster verzweifelter Versuch nun auch in dem Hinweis: „Aber jeder Mensch möchte doch glücklich werden!" Da mir die meisten Glückseligkeitssekten damals wie heute verdächtig waren, konterte ich etwas unterkühlt: „Diese Feststellung ist hiermit widerlegt. Vor Ihnen steht einer, der es nicht werden will."

Solche radikalen Abwehrmaßnahmen stehen jedoch in so mancher „gesitteten" Gemeinschaft nicht zur Verfügung, weil sie, wie man sich in solchen Fällen belehren lassen muss, nicht „anständig" oder „fair" sind, womit einen der moralische Appell auf Umwegen wieder einholt.

In der Praxis ist die Technik, eine missliebige Ansicht als moralisch verwerflich zu kennzeichnen, also durchaus erfolgreich. Das Ziel des moralischen Appells ist allerdings nicht das (rationale) Nachdenken des Angesprochenen, sondern seine Unterwerfung unter das moralische Diktat. Eben darum wirkt ein solcher Appell bedauerlicherweise nur sehr unzureichend in den Fällen, wo eine „Besserung" des Gesprächspartners im Sinne einer größeren Nachdenklichkeit wirklich wünschenswert wäre, denn wie sagte schon der große Mathematiker und spöttische Philosoph Bertrand Russell: „Moralpredigten (kurieren) ein Laster genauso wenig wie einen Reifenschaden."

Schlagfertigkeit und Moral

Antwort Bertrand Russells auf die Frage einer Briefschreiberin, warum Menschen glauben, dass ein menschliches Wesen in der Gunst seines Schöpfers höher steht als ein Tier: „... der einzige Grund, warum Philosophen glauben, Gott nehme an Menschen mehr Anteil als an Tieren, ist der, dass Philosophen Menschen sind."

Übung

Kontern Sie die folgenden moralischen Appelle:

1. „Die freie Meinungsäußerung ist eines unserer höchsten Güter."
2. „Jeder sollte mit seiner Gesundheit tun dürfen, was er will."
3. „Wie kann man einem Menschen nur einen so einfachen Gefallen abschlagen?"
4. „Der Klügere gibt nach."

Lösungsvorschläge

	Taktik	Antwort
1.	Übertreiben	„Dann dürfen wir uns alle nach Belieben beleidigen?"
2.	Ja-aber-Taktik	„Ja, aber dann sollte jeder für die Konsequenzen selbst zahlen."
3.	Gegenfrage	„Was glauben Sie, was er dann als Nächstes von mir verlangt?"
4.	Konsequenzen aufzeigen	„Der Klügere gibt nach, bedeutet die Herrschaft der Dummheit" (frei nach Marie von Ebner-Eschenbach).

Provokation – der Tritt vor das geistige Schienbein

Hier unterscheiden Sie Situationen, in denen eine Provokation sinnvoll und nützlich ist, von denen, wo sie eher gefährlich ist. Sie lernen zudem, sich angemessen zu verhalten, wenn Sie selbst provoziert werden.

Eng verwandt mit den Killerphrasen scheint die Provokation. Doch bei genauerer Betrachtung geht sie weit darüber hinaus, weil sie die meisten anderen in diesem Kapitel beschriebenen Techniken in sich vereint. Sie dient im Gegensatz zu den Killerphrasen nicht ausschließlich der Verletzung des Gesprächspartners, sondern vielmehr dazu, ihn ganz allgemein zu einer Reaktion zu veranlassen. Der lateinische Wortstamm *provocatio* heißt übersetzt denn auch nichts anderes als „Herausforderung" oder „Aufreizung". Die Provokation hat also ein Minimalziel und das ist die Aufmerksamkeit des Provozierten.

Der Pädagogikprofessor Horst Nickel pflegte seine Anfangsvorlesung zum Thema Kinderpsychologie damit zu beginnen, dass er mit einem starken Diaprojektor das Bild eines Kindes auf der Wand des Hörsaales erscheinen ließ. Er kommentierte dieses Bild nur mit dem kurzen Satz: „Damit Sie wenigstens einmal in Ihrem Studium sehen, wofür wir Sie hier ausbilden!"

Hat man erst einmal die Aufmerksamkeit seines Gesprächspartners erregt, dann kann man zunächst auf weitere Provokationen verzichten. Sollte man aber das Gefühl haben, dass diese Aufmerksamkeit im Laufe der Zeit nachlässt oder aber nachlassen könnte, kann man – mitunter auch vorbeugend – eine weitere, am besten humorvolle Provokation einfließen lassen. Humor hat zwar die Deutschen in der Welt nicht gerade bekannt gemacht, das heißt aber nicht, dass sie dafür nicht empfänglich wären.

Wenn ich in einer meiner Vorlesungen ein größeres und schwierigeres Thema behandelt habe, schließe ich dies gelegentlich mit der Frage ab: „Haben Sie zu diesem Thema noch Fragen? Oder haben Sie vielleicht so wenig verstanden, dass Sie noch nicht einmal fragen können?"

Neben diesen leichten Formen der Provokation, die mit einem Schuss von Ironie und Humor gewürzt werden und damit für den Provozierten relativ leicht zu verdauen sind, gibt es natürlich auch die andere Art der Provokation, die schon etwas bissiger daherkommt und zu der man bevorzugt dann greift, wenn man sich tatsächlich über den anderen ärgert.

Ein Kunde in einem großen Kaufhaus wartet seit über zehn Minuten darauf, dass er bedient wird. Sein Ärger nimmt dabei stetig zu, denn in unmittelbarer Nähe von ihm stehen drei Verkäuferinnen, die sich lebhaft und lachend miteinander unterhalten. Endlich wird es ihm zu viel und er geht auf die vergnügte Gruppe zu und fragt: „Können Sie mir bitte sagen, wo ich hier eine Wahrsagerin oder Kartenlegerin finde?" „Was wollen Sie denn damit?", kommt die irritierte Rückfrage. „Ganz einfach", sagt der Kunde, „die wird mir sicherlich sagen können, wann ich hier bedient werde."

Provokation erzeugt im leichtesten Falle Irritation und im schlimmsten Falle Ärger. Aber auch Letzteren kann man in Kauf nehmen, wenn unter dem Strich etwas Vernünftiges dabei herauskommt.

Zum Nachdenken provozieren!

Häufig erfahren meine Seminarteilnehmer, dass ich mir zu Hause zwei Papageien halte. Regelmäßig werde ich dann irgendwann gefragt: „Können die denn auch sprechen?" „Ja", antworte ich dann, „der jüngere Vogel ist sogar sehr talentiert. Er wendet viele Wörter in genau der richtigen Situation an." „Aber die wissen doch gar nicht, was sie reden", wird dann meistens eingewendet. Mein Kommentar lautet hier stets: „Darin unterscheiden sie sich nicht vom Menschen!"
Der von mir in diesem Buch schon häufiger zitierte britische Mathematiker und Philosoph Bertrand Russell, der quasi nebenbei 1950 den Nobelpreis für Literatur erhielt, war ein Meister der Provokation. Sein Schicksal zeigt allerdings auch, dass man bereit sein muss, dafür seinen Preis zu zahlen. So verlor er wegen „pazifistischer Propaganda" seine Professur in Cambridge und wurde schließlich wegen seiner ständigen Provokationen gegen den Krieg in das Gefängnis von Brixton gesteckt. All dies brachte ihn allerdings nicht davon ab, die Gesellschaft mit bissiger Ironie weiter zu provozieren. Als das britische Militär ihm nämlich eine Einberufung schicken wollte, fanden sie ihn nicht: *„Die Regierung konnte trotz größter Anstrengung nicht herausfinden, wo ich mich aufhielt, denn sie hatte vergessen, dass sie mich ins*

Gefängnis gesteckt hatte.“ Doch nicht nur dem Staat, sondern auch der Kirche war er mit seinen bissigen Stellungnahmen ein ständiges Ärgernis. So schrieb er in einem Brief von 1953 einen Satz, mit dem man wahrscheinlich auch heute noch provozieren könnte: *„Hätte die gegenwärtige Opposition der Kirche gegen die Geburtenkontrolle Erfolg, so würde das bedeuten, dass Armut und Hungertod für immer das Schicksal der Menschheit sind, es sei denn, die Wasserstoffbombe brächte Erleichterung.“* Er erreichte mit solchen Äußerungen jedoch mehr, als dass sich etliche Menschen ärgerten. Bei vielen löste er etwas aus, das aus meiner Sicht eines der wichtigsten Ziele von Provokationen ist: Man bringt die Menschen zum Nachdenken!

Provozierendes Schweigen

Natürlich muss man, wenn man nicht das Format von Betrand Russell hat, bei jeder Form von Provokation Fingerspitzengefühl bewahren und man sollte sich wenigstens ansatzweise über die möglichen Folgen im Klaren sein. Ein noch unerfahrener Psychologiedozent griff in seiner ersten Seminarsitzung zu einer in der Sozialpsychologie recht beliebten Form der Provokation: Er setzte sich gleich zu Beginn vor die Studenten und sagte erst einmal zehn Minuten lang kein Wort. Sein Schweigen provozierte und frustrierte die Studenten dermaßen, dass der Dozent die sich daraus ergebende Aggression der Studenten über die ganze Veranstaltung nicht mehr in den Griff bekam und auch den Sinn seiner Provokation nicht mehr vermitteln konnte.

Ein ähnliches Phänomen ist auch in vielen Zweierbeziehungen bekannt, wenn zum Beispiel einer der beiden Partner über größere rhetorische Fähigkeiten verfügt als der andere und der Stärkere meint, dem Schwächeren unbedingt ein Gespräch aufzwingen zu müssen. Wenn dann der Unterlegene beharrlich schweigt, steigert das in der Regel noch die Aggressivität des anderen, denn er wird ja auf diese Weise um sein Erfolgserlebnis betrogen.

In einem solchen Falle endet das Ganze sicherlich friedlicher, wenn der Partner seine mangelnde Lust auf ein Streitgespräch auch offen kundtut: „Ich verstehe, dass du jetzt gern mit mir darüber sprechen willst. Aber ich bitte dich, ebenfalls zu verstehen, dass ich im Augenblick dazu einfach keine Lust habe."

Manchmal allerdings kann dieses betonte Schweigen auch erfolgreich sein. So ist manch ein Schweigemarsch viel eindrucksvoller als eine lärmende Demonstration mit großen Megafonsprüchen, die ohnehin nur von denen beklatscht werden, die man gar nicht mehr zu überzeugen braucht.

In all diesen Fällen ist jedoch das Schweigen selbst die Provokation, und sogar bei einem (Ehe-)Paar, bei dem einer der beiden etwas streitlustiger ist als der andere, ist das Schweigen oft noch die größere Provokation als der zuvor erfolgte Angriff, weil es den aggressiveren Partner eindeutig entwertet. Etwas anders sieht es aus, wenn ich provoziert wurde und wenn jede Gegenrede den Provokateur noch zusätzlich aufwerten würde.

Wenn man selbst provoziert wird

Was mache ich, wenn ich selbst provoziert werde? Wenn mir nichts Besseres einfällt, sollte ich am besten schweigen und die Provokation ignorieren. Denn wer nichts sagt, sagt auch nichts Falsches. Das ist allemal besser, als die Reaktion zu zeigen, die der Provokateur sehen möchte, insbesondere wenn er mich wirklich nur ärgern will.

Ein großer Privatsender in Deutschland machte gute Einschaltquoten damit, dass er jeweils einen Gast einlud, der sich auf den sogenannten heißen Stuhl setzte und eine Reihe von Gesprächspartnern mit sehr provozierenden Thesen häufig fast bis zur Weißglut brachte. Die Themen reichten von „Frauen gehören grundsätzlich an den Kochtopf" bis hin zu „Kirchen müssten als terroristische Vereinigungen verboten werden."

Aus meiner Sicht waren hier weniger die Provokateure faszinierend, die einfach nur eine Gelegenheit zur überzogenen Selbstdarstellung wahrnahmen, als vielmehr diejenigen, die sich in schöner Regelmäßigkeit zu recht heftigen Reaktionen provozieren ließen. Ich habe es nur einmal erlebt, dass eine provozierte Frau das Spiel vor der laufenden Kamera durchschaute und dem Provokateur auf dem heißen Stuhl entgegnete: „Sie sagen das hier doch nur, weil sie ihr Buch verkaufen wollen!" Recht hatte sie, denn auf dem heißen Stuhl saß in diesem Falle ein mit allen Wassern gewaschener Werbeprofi, der mit diesem Trick, wie er in einem späteren Interview zugab, erreichte, dass vor allem seine zahlreichen Gegner sein Buch kauften, um sich darüber aufzuregen! Hätten diese Gegner auf seine Provokationen weniger erregt reagiert oder gar geschwiegen, dann hätte das zwar der Sendeanstalt nicht gefallen, aber sie hätten eines vermieden, nämlich das Gegenteil von dem zu erreichen, was sie erreichen wollten!

Wie dieses Beispiel zeigt, hat Provokation häufig etwas mit Manipulation zu tun. Der Werbetexter und Fernsehautor Josef Kirschner sagte in seinen Erinnerungen zur Fernsehsendung „Wünsch Dir was" in den 1970er-Jahren bereits: „Wenn Sie wollen, dass die Leute über Sie reden, müssen Sie anecken." Wenn die heutige Fernsehlandschaft das mittlerweile so ausgiebig umsetzt, dass es kaum noch funktioniert, so kann es im privaten oder geschäftlichen Umfeld des Einzelnen durchaus noch Erfolg versprechend sein.

So ist es zweifellos reizvoll (aber auch gefährlich), auf eine Provokation schlagfertig zu kontern, aber dazu muss man schon fast aus dem gleichen Holz geschnitzt sein wie der Gegner.

Eine recht korpulente Bekannte von mir beobachtet in der Straßenbahn zwei Jugendliche, die sich in der Nähe der Tür postiert haben und die sich einen Spaß daraus machen, jeden Fahrgast, der bei ihnen vorbei muss, mit einer frechen Bemerkung zu provozieren. Sie ahnt bereits, dass sie, wenn sie gleich aussteigt, wohl kaum verschont wird. Kaum geht sie an den beiden vorbei, kommt die Bemerkung: „Wie fühlt man sich denn so, wenn man so fett ist?" Noch bevor die Tür sich hinter ihr schließt, kann sie den beiden zurufen: „Ganz gut. Und wie fühlt man sich so ohne Hirn?"

Provokation und Anmache

Anmache, oder etwas schlimmer sexuelle Belästigung, ist manchmal ein großes Problem, oftmals ist sie aber ganz einfach nur ärgerlich. Zum Problem wird sie aber unter anderem dadurch, dass die Opfer sich nicht schlagfertig genug verhalten und damit den anderen ermuntern, immer zudringlicher zu werden. Eine Bekannte berichtete mir einmal, dass sie fast jeden Abend von einem Mann belästigt wird, der ihr am Telefon etwas vorstöhnt. Sie beschimpft ihn dann regelmäßig so lange, bis ihr die Schimpfwörter ausgehen. Dass das genau die Reaktion ist, die der Anrufer provozieren möchte und wegen der er auch immer wieder anruft, wollte sie mir nicht glauben.

Ein Freund von mir wurde in einer Bar von einer jungen Frau belästigt (auch das gibt es!). Obwohl er in keiner Weise auf ihre Avancen einging, ließ sie nicht locker und fragte ihn schließlich: „Was muss ich dir geben, damit ich einen Kuss von dir bekomme?" Seine Antwort lautete ganz trocken: „Chloroform." Damit war das Problem gelöst.

Ein beliebter Anmachspruch lautet ja: „Haben wir uns nicht schon einmal irgendwo gesehen?" Wenn Sie jetzt, wie so häufig, höflich antworten: „Tut mir leid, aber daran kann ich mich nicht erinnern", ist das schon fast eine Einladung zum Gespräch. Wenn Sie stattdessen kontern: „Ja, in meinem letzten Albtraum", so dürfte das Gespräch damit zu Ende sein!
Anmachopfer sollten sich also nicht bemühen, jemandem zu gefallen, dem sie gar nicht gefallen wollen. Ich bin mir

bewusst, dass all das nicht viel hilft, wenn die Anmache in regelrechtes Mobbing ausartet und wenn der Täter dann noch der Vorgesetzte ist. In diesen Fällen gibt es jedoch zumindest in großen Firmen schon Ansprechpartner in der Personalabteilung oder im Betriebsrat und dieses heikle Thema würde sicherlich den Rahmen dieses Buches sprengen. Doch auch solche üblen Dinge fangen häufig klein an und hier kann ein schlagfertiger Konter das Unkraut tilgen, sobald es aus der Erde kommt. Man kann es ja auch etwas freundlicher machen: „Ich weiß nicht, wie ich ohne Ihre anzüglichen Bemerkungen leben könnte, aber ich würde es gern einmal probieren!“ Je nachdem wie also die persönliche Beziehung oder auch Abhängigkeit zum Provozierenden ist, bietet es sich an, auf die Provokation halbwegs freundlich (aber nicht entgegenkommend!) oder aber ebenfalls schlagfertig provozierend zu reagieren.

Provokation	**Antwort: a) freundlich, b) provozierend**
„Sie sind aber ein richtig steiler Zahn!“	a) „Den werde ich Ihnen gleich ziehen, junger Mann!“
	b) „Sie meinen, ich bin das genaue Gegenteil von Ihnen?“
„Sie haben aber einen süßen Hintern!“	a) „Auf solche Komplimente kann ich gut verzichten!“
	b) „Ja, aber anders als bei Ihnen sitzt er an der richtigen Stelle!“
„Sie haben aber eine heiße Stimme!“	a) „Passen Sie auf, dass Sie sich keine heißen Ohren davon holen!“
	b) „Wie kann das jemand beurteilen, der meistens auf seinen Ohren sitzt?“

Nun hat Anmache aber durchaus nicht immer einen sexuellen Hintergrund und manchmal kann man darauf auch schlagfertig kontern, ohne ein einziges Wort zu sprechen, indem man sich zum Beispiel ganz einfach nicht alles gefallen lässt!

Einer Gruppe von jüngeren Arbeitern in einem Industrieunternehmen wurde wegen anstehender Mehrarbeit ein etwa fünfzig Jahre alter Mitarbeiter zugeordnet, der zuvor schon viele Jahre lang in einem anderen Teil des Unternehmens gearbeitet hatte. Die jungen Männer versuchten von Anfang an, den älteren Kollegen durch zahlreiche schlechte Scherze zu provozieren. Bis zu einem gewissen Grad ertrug der Ältere diese Anmache noch geduldig und tat sie als Jugendstreiche ab. Dadurch allerdings wurden die Provokationen immer heftiger, denn die Gruppe wollte nun einfach ihre Grenzen austesten. Als sie ihrem älteren Kollegen eines Tages seinen Werkzeugkasten zugeschweißt hatten, war für ihn das Maß voll. Statt nun jedoch mit einem Wutausbruch zu reagieren, was alle erwartet hätten, machte er etwas ganz anderes: Er ließ sich zunächst gar nichts anmerken, doch als nach der Frühstückspause die jungen Arbeiter von ihren Stühlen aufstehen wollten, mussten sie sich notgedrungen ihre Hosen ausziehen, weil der Ältere die Stühle unbemerkt mit einem sehr guten Zwei-Komponenten-Kleber überzogen hatte. Von da an war tatsächlich Ruhe, denn nun begriffen die Jüngeren, dass der neue Kollege abgesehen von seinem Alter doch „einer von ihnen" war.

Ansonsten bietet es sich an, zwar *sprachlich* auf die Provokation einzugehen, ihr aber *inhaltlich* eine andere Richtung zu geben. Ähnlich den Killerphrasen, die im Gegensatz zu den

Provokationen reine Formeln der Ablehnung sind, während die Provokationen gezielt nach vorne marschieren, sind Letztere ein Angriff auf der Beziehungsebene. Es ist deshalb zwar nicht unbedingt schädlich, aber auch nicht in jedem Falle notwendig, auf den Inhalt, also auf die Stoßrichtung der Provokation einzugehen. Es ist aber oft von Vorteil, in dem schlagfertigen Konter das *Vokabular* der Provokation zu verarbeiten und unter Verwendung der Wörter des Angreifers die Stoßrichtung der Provokation zu ändern oder gar umzukehren. Dies ist quasi eine Art geistiges Judo, denn beim Judo nutzt man ja auch den Schwung des Angreifers aus, um ihn schließlich selbst zu Fall zu bringen.

Provokation	Entgegnung
„Sie sitzen da wie ein Buddha!"	„Da Buddha der Inbegriff von Weisheit und Erfahrung ist, kann ich damit leben!"
„Typische Beamtenmentalität!"	„Die deutschen Beamten sind bekannt für ihre Gründlichkeit und Genauigkeit. Das gilt auch für mich."

Provokationen sind manchmal witzig, manchmal aber auch beleidigend. Ist diese Beleidigung beabsichtigt, so ist es in jedem Falle falsch, dem Gegner das Erfolgserlebnis zu gönnen, dass er sein Ziel erreicht hat. Mit anderen Worten, wer nach einer beleidigenden Provokation „die beleidigte Leberwurst" spielt, lädt geradezu dazu ein, bei nächster Gelegenheit wieder als Opfer auserkoren zu werden. Im Zeitalter des Mobbings habe ich schon häufig beobachtet, dass sich ganze Abteilungen (oft unbewusst) zusammenschließen, weil sie endlich jemanden gefunden haben, an dem sie ihren Frust abreagieren können. Entscheidend ist häufig, dass man sich rechtzeitig wehrt und nicht etwa wartet, bis die „lieben Kollegen" so viel Munition gesammelt haben, dass ein schlagfertiger Konter verpufft wie der Wassertropfen in der Wüste. Man sagt manchmal, Kinder seien grausam, weil sie sich zum Beispiel den Schwächsten in der Gruppe aussuchen (das kann manchmal sogar der Lehrer sein), um auf ihm herumzuhacken. Wenn wir allerdings bedenken, dass viele Menschen zwar älter, deshalb aber nicht notwendig auch erwachsen werden, müssen wir uns nicht wundern, dass sich daran auch im Berufsleben nicht viel ändert.

Übung

Finden Sie einen schlagfertigen Konter zu folgenden Provokationen:

1. „Wie wäre es, wenn Sie vor dem Sprechen Ihr Hirn einschalten?"
2. „Frauen und Technik!"
3. „Haben Sie überhaupt Freunde?"
4. „Auf welchem Stern leben Sie denn?"
5. „Du bist ja noch grün hinter den Ohren!"

Lösungsvorschläge

1. „Haben Sie Ihre Unverschämtheiten gar nicht mehr unter Kontrolle?" Oder: „Immerhin besitze ich eins!" (Den Rest des Satzes sprechen Sie aus rechtlichen Gründen lieber nicht aus, der andere versteht ihn auch so.)
2. „Schließt sich das genauso aus wie Männer und Verstand?"
3. „Solange man uns beide nicht verwechselt!" Oder: „Wenn ich Ihre Freunde sehe, möchte ich mal Ihre Feinde kennenlernen."
4. „Bis eben dachte ich noch, er wäre von intelligenten Lebewesen bevölkert."
5. „Das ist immer noch besser als vollkommen farblos zu sein." Oder: „Das liegt an Ihnen. Es ist die Farbe der Hoffnung."

Hinweise zum Einüben

Nehmen Sie sich nicht alle Techniken auf einmal vor, sondern üben Sie sie Schritt für Schritt ein. Mit zunehmender Übung werden Sie immer sicherer – und kreativer.

Wie übe ich alleine?

Wenn ich in meinen Seminaren die in diesem Buch geschilderten Techniken vorgestellt habe, stellen mir die Teilnehmerinnen und Teilnehmer regelmäßig die Frage: „Kann man das selber einüben oder braucht man dafür ein mehrtägiges oder sogar mehrwöchiges Training?“ Obwohl ich natürlich gern mit solchen Trainings mein Geld verdiene, antworte ich an dieser Stelle ehrlich, dass zwar ein gutes Seminar oder Training unzweifelhaft Vorteile hat, man aber durchaus mit Aussicht auf Erfolg selbst an sich arbeiten kann.

Wenn Sie also die in diesem Buch dargestellten rhetorischen Techniken üben wollen, sei es, um sie anzuwenden, oder sei es, um nicht das Opfer dieser Techniken zu werden, dann gehen Sie bitte schrittweise vor. Versuchen Sie also bitte nicht, sofort das gesamte vorherige Kapitel auf einmal umzusetzen! Mit Sicherheit gibt es die ein oder andere Situation in Ihrem Leben, in der Sie recht häufig mit

einer dieser Techniken konfrontiert werden oder in der es nützlich wäre, eine dieser Techniken selbst zu beherrschen. Vielleicht hat Ihnen ja auch eine davon einfach nur besonders gut gefallen. Greifen Sie nun diese eine Technik heraus und setzen Sie sie in die Tat um. Wenn Sie das erste Mal mit dieser Technik Erfolg hatten, ist der erste Schritt des Einübens schon getan!
Da menschliches (und tierisches) Lernen vor allem ein Lernen am Erfolg ist, führt bereits eine recht kleine Zahl von solchen Erfolgserlebnissen zur Verinnerlichung dieser Technik, das heißt, sie geht einem, wie es im Volksmund heißt, „in Fleisch und Blut über". Wenn Sie auf diese Weise eine Technik erworben haben, wählen Sie die nächste aus und versuchen Sie diese anzuwenden. Sie werden die Erfahrung machen, dass Sie nach dem Erwerb von drei oder vier guten rhetorischen Techniken schon viel sicherer werden und dass Ihnen jede neue Technik nun zunehmend leichter fällt. Bald werden Sie sogar feststellen, dass Sie kreativ werden, sich also ohne langes Überlegen neue, eigene Techniken ausdenken!

Wie üben wir zu zweit oder zu mehreren?

Wenn Sie beim Einüben Partner haben, ergeben sich natürlich noch weitere Möglichkeiten. Sie könnten im einfachsten Falle mit diesen Partnern diverse Streitgespräche führen und auf diese Weise versuchen, entsprechende Techniken

einzusetzen. Wenn Sie jedoch richtig trainieren wollen, machen Sie es sich bitte etwas schwieriger:
Suchen Sie sich ein Thema, zu dem Sie kontroverse Meinungen vertreten. Nehmen wir an, Sie trainieren zu zweit oder zu viert. Sie entdecken nun, dass Ihr Partner oder jeweils zwei aus der Vierergruppe in einem bestimmten Punkt Partei ergreifen. Die eine Partei ist zum Beispiel für ein striktes Rauchverbot, die andere ist dagegen. Die einen befürworten autofreie Innenstädte, die anderen sehen darin den Untergang des Einzelhandels. Diese beiden Parteien setzen sich nun an einen Tisch frontal gegenüber. Schreiben Sie nach Möglichkeit das Thema auf ein Blatt in der Mitte des Tisches und notieren Sie dort auch, welche Seite des Tisches welche Ansicht vertritt (also etwa Pro und Contra). Nehmen Sie sodann einen Rollentausch vor! Diejenigen, die also für ein weitestgehendes Rauchverbot sind, müssen nun die „liberale" Rolle vertreten und umgekehrt. Lassen Sie dann beiden Parteien fünf Minuten Zeit, diesen Rollentausch zu verdauen, und gehen sie dann in die Diskussion.
Natürlich ist es ungleich schwerer, nun überzeugend einen Standpunkt zu vertreten, der das Gegenteil von dem ist, was man in Wirklichkeit für richtig hält. Aber genau das ist der Sinn dieser Übung. Sie werden dabei zudem erleben, dass sich dadurch, dass Sie sich in die Gegenseite hineinversetzen müssen, für Sie unter Umständen völlig neue Horizonte des Denkens ergeben. Und lassen Sie sich in dieser Übung ruhig einmal von dem Reiz verführen, recht behalten zu wollen, egal worum es geht.

Reizthemen gibt es übrigens genug. Wenn Sie Schwierigkeiten haben, welche zu finden, hier ein paar Vorschläge:

- Rauchen erlauben ⇛ Rauchen verbieten
- Autofreie Innenstädte ⇛ „freie Fahrt für freie Bürger"
- Kernkraft ⇛ Solarenergie
- Fernsehen informiert ⇛ Fernsehen macht dumm
- Extremistische Parteien müssen verboten werden ⇛ Extremismus kann einer Demokratie nicht schaden
- Drogen freigeben ⇛ Drogenhandel schärfer verfolgen
- Computer kosten Arbeitsplätze ⇛ Computer schaffen Arbeitsplätze

Bei Risiken und Nebenwirkungen ...

Diesem Reiz kann man natürlich auch verfallen. Wenn ich gefragt werde, ob man denn solche rhetorischen Fertigkeiten, wenn man sie einmal beherrscht, zumindest in bestimmten Situationen ablegen kann, so muss ich dazu sagen: Das ist außerordentlich schwer. Wer zum Beispiel bestimmte rhetorische Fähigkeiten für seinen beruflichen Erfolg benötigt und wem es gelingt, sich diese Fähigkeiten anzueignen, der legt sie im privaten Bereich nicht einfach zur Seite. Das Zusammenleben mit einem solchen Partner ist dann bisweilen etwas schwierig! Entweder rüstet der unterlegene Gesprächspartner rhetorisch nach oder er ergreift eine Technik, die wir in diesem Buch bislang verschwiegen haben: Er ignoriert einfach das, was der andere sagt. Wenn der Fehdehandschuh nicht ergriffen wird, kann

der Kampf nicht ausgetragen werden! Das ist für den rhetorisch überlegenen Partner zwar frustrierend, aber für den unterlegenen Partner allemal besser, als sich ständig in rhetorisch ausweglose Diskussionen zu verstricken.
Bei der Anwendung rhetorischer Techniken kann es allerdings auch zu Konsequenzen kommen, bei denen man sich einfach nur fragen muss, ob man bereit ist, sie zu ertragen. Als ich einen Teilnehmer meiner Seminare nach etlichen Wochen zufällig wieder traf, sagte er mir: „Das war wirklich toll, was ich damals bei Ihnen gelernt habe!" Solche Kritiken höre ich natürlich gern, und so antwortete ich: „Es freut mich, dass Ihnen das gefallen hat." „Wissen Sie", erklärte er mir, „ich habe jetzt das erste Mal zu Hause gegen meine Frau und gegen meine Schwiegermutter recht bekommen!" Schon etwas verunsichert sagte ich darauf: „Es ist schön, wenn Ihnen das auch privat schon geholfen hat." „Und wissen Sie, was das Tollste dabei ist?", fragte er mich ganz begeistert. „Nein, keine Ahnung", entgegnete ich. Er antwortete: „Das Tollste ist, seitdem reden die nicht mehr mit mir!" So viel also zu den Risiken und Nebenwirkungen …